Alexandre Dumas

Antony

Édition présentée, établie et annotée
par Pierre-Louis Rey
Professeur à la Sorbonne Nouvelle

Gallimard

PRÉFACE

*Onuphrius rêve qu'il s'est rendu, un soir de désœu-
vrement, au Théâtre de la Porte Saint-Martin :*

La pièce finissait, c'était la catastrophe. Dorval,
l'œil sanglant, noyée de larmes, les lèvres bleues,
les tempes livides, échevelée, à moitié nue, se tor-
dait sur l'avant-scène à deux pas de la rampe.
Bocage, fatal et silencieux, se tenait debout dans
le fond : tous les mouchoirs étaient en jeu ; les
sanglots brisaient les corsets ; un tonnerre d'applaudissements entrecoupait chaque râle de la
tragédienne ; le parterre, noir de têtes, houlait
comme une mer ; les loges se penchaient sur les
galeries, les galeries sur le balcon. La toile tomba :
je crus que la salle allait crouler : c'étaient des battements de mains, des trépignements, des hur-
lements ; or, cette pièce était ma pièce ; jugez !
J'étais grand à toucher le plafond. Le rideau se
leva, on jeta à cette foule le nom de l'auteur.

Ce n'était pas le mien, c'était le nom de l'ami
qui m'avait déjà volé mon tableau[1].

1. Théophile Gautier, « Onuphrius », *L'Œuvre fantastique. I. Nouvelles*, éd. de Michel Crouzet, Classiques Garnier, 1992, p. 41-42.

Bocage et Marie Dorval mettant la salle en transe, l'un «fatal», l'autre mourante : c'est sûrement au triomphe remporté par Antony *sur cette même scène, le 3 mai 1831, que fait allusion Théophile Gautier dans son conte publié quelques mois plus tard. S'est-il, comme Onuphrius, senti dépossédé du drame qu'il aurait aimé écrire ? Ses propres essais dramatiques demeurèrent toujours étrangement timides et, dans la compétition amicale qui opposait alors Victor Hugo et Alexandre Dumas, il penchait par goût pour le premier. Comprenons plutôt que n'importe quel jeune romantique exalté aurait alors rêvé d'être l'auteur* d'Antony. *Plus tard, dans* L'Histoire de l'art dramatique en France depuis vingt-cinq ans *(Hetzel, 1858-1859), Gautier se souviendra du jeu de Marie Dorval dans le rôle d'Adèle et, dans* Le Moniteur *du 7 octobre 1867, à l'occasion d'une reprise de la pièce au Théâtre Cluny, il commente moins le spectacle auquel il vient d'assister que le succès de la «première» : «La salle était vraiment en délire ; on applaudissait, on sanglotait, on pleurait, on criait. La passion brûlante de la pièce avait incendié tous les cœurs. Les jeunes femmes adoraient Antony ; les jeunes gens se seraient brûlé la cervelle pour Adèle d'Hervey[1].»* Hernani, *en février 1830, avait donné lieu à une bataille,* Antony *fut un raz de marée. L'immoralité de la pièce effaroucha (jamais l'adultère n'avait été présenté sous un jour aussi favorable), mais moins, somme toute, qu'on n'aurait pu le craindre[2]. Certains grin-*

---

1. «La reprise d'*Antony*», *Histoire du romantisme*, Charpentier, 1874 (p. 144, voir la Bibliographie).
2. Dans *Mes Mémoires*, voir la Bibliographie, Dumas explique comment le «cocuage», qui faisait rire au xviie siècle, s'est changé à cause du code civil en «adultère», phénomène qui inquiète

cheux, comme ils l'avaient fait à la création de Henri III et sa cour *en février 1829, soulignèrent le mérite des acteurs afin de relativiser celui de l'auteur, mais le public les avait confondus dans ses applaudissements. L'année 1831 sera, du reste, la plus faste de l'histoire du drame romantique. Dans les mois qui suivent la création d'*Antony, *Vigny fait jouer* La Maréchale d'Ancre *à l'Odéon,* Hugo Marion Delorme *à la Porte Saint-Martin,* Dumas Charles VII *chez ses grands vassaux à l'Odéon, puis* Richard Darlington *à la Porte Saint-Martin. Mais des trois auteurs, c'est Dumas qui obtient encore, pour ses deux nouvelles pièces, l'accueil le plus enthousiaste.*

« Antony, c'était moi, moins l'assassinat. »

«Elle me résistait, je l'ai assassinée!» A-t-on assez répété que la pièce semblait avoir été composée en vue de la dernière réplique[1] ! On a moins souligné que ce drame en prose atteignit la renommée grâce à un alexandrin (à l'hiatus près). Baudelaire, quand il écrira ses Petits poèmes en prose, *sollicitera du Seigneur «la grâce de produire quelques beaux vers» («À une heure du matin»)* et il couronnera son recueil par les impeccables alexandrins de l'«Épilogue», comme si, au XIXe siècle, il revenait encore au vers de célébrer dignement le triomphe de la prose. Au moins fallait-il que se terminât par une

parce que chaque père de famille doit reconnaître les siens. Il donne aussi un exemple des réactions morales suscitées par son drame (t. II, p. 474 et suiv.).

1. Voir par exemple Vigny dans « Une lettre sur le théâtre. À propos d'*Antony*» : « Il me paraît assez dans la manière de M. Dumas de créer d'abord un dénouement, et ensuite d'y suspendre la pièce entière » (*Œuvres complètes*, Pléiade, t. II, 1993, p. 1231).

formule bien frappée ce drame au style souvent heurté et trivial. Si nos contemporains ont retenu quelque chose d'Antony, c'est sa chute. Peut-être, en revanche, n'a-t-on guère en mémoire les péripéties qui y conduisent, ni même le caractère du héros de l'histoire.

« On m'a contesté jusqu'à mon nom de Davy de la Pailleterie *», écrit Dumas au début de ses* Mémoires[1]*, avant de montrer, documents à l'appui, qu'il était sûr de sa naissance. « Si j'avais été bâtard… », suppose-t-il. La figure du bâtard qui répond aux préjugés de la société en donnant à son nom une valeur personnelle, il la portait sans doute en lui depuis l'enfance. L'étincelle vint le 9 juillet 1829, chez Dévéria, d'une lecture donnée par Hugo de sa* Marion Delorme. *Outre Dumas, assistaient à cette lecture Delacroix, Vigny, Sainte-Beuve, Musset, Balzac, Mérimée et quelques autres. Didier, l'amant de Marion, qui s'écrie : « Je n'ai jamais connu/ Mon père ni ma mère. On me déposa nu,/Tout enfant, sur le seuil d'une église » (acte I, sc. 2), puis « Didier. — Didier de quoi ? — Didier de rien » (acte I, sc. 3), fait tellement songer à Antony qu'on crut —* Marion Delorme *ayant été créée après la pièce de Dumas — à un emprunt de Hugo. Dumas se chargea de rétablir la vérité : c'est Antony qui doit à Didier, non l'inverse. Doit-il aussi à Hernani, bandit et proscrit ? Plus encore que Didier, Antony est « une force qui va ». Qui va, qui viole et qui frappe. Bâtard errant, il est agité par une « fièvre » qui, le taraudant bien après que sa blessure physique a été guérie, lui dicte la rapidité de sa course (voir acte II, sc. 4). Les points de suspension, même s'ils tournent chez Dumas au tic d'écriture, contribuent à indiquer le caractère haletant de l'errance du héros. On*

---

1. *Mes Mémoires*, t. I, p. 3.

ne minimisera pas sa passion pour Adèle en disant que, enfin assouvie, elle aurait assuré à son cœur le havre auquel il aspirait. Contrairement à *Hernani*, toutefois, Antony est loin d'être pauvre. Et tandis que le héros de Hugo se révèle finalement être Jean d'Aragon, grand d'Espagne, celui de Dumas demeurera sans nom. Il est le premier grand héros roturier du théâtre romantique français.

Peut-on, sur une scène romantique, représenter des passions contemporaines ? La question est abordée à la scène 6 de l'acte IV qui réunit les invités de la vicomtesse de Lacy. Eugène, le poète romantique, y développe l'idée plausible qu'en rendant les hommes égaux, la Révolution a empêché les spectateurs de reconnaître, chez des héros qui leur apparaissent désormais comme leurs semblables, le cœur de l'homme mis à nu ; ainsi s'explique que les dramaturges se croient obligés, pour émouvoir le public, de recourir à des sujets historiques. À cette théorie, la prude Mme de Camps oppose alors, en persiflant, l'histoire bien réelle de la passion dévastatrice d'Antony, canevas que l'intéressé saisit au bond pour le tourner à la confusion de l'hypocrisie mondaine. Son histoire, extravagante, bouscule les canons de la morale au nom d'une morale supérieure. Au lieu d'écrire une préface, dont tiendront lieu, dans l'édition, des vers qu'il avait écrits deux ans plus tôt (« Les romantiques font tous des préfaces… », ironise l'un des invités de la vicomtesse), Dumas prouve le mouvement en marchant : c'est, à l'intérieur de la pièce, son héros en personne qui vient affirmer qu'à condition d'oser, le drame peut refléter des passions qui existent encore dans la société d'aujourd'hui.

Si *Marion Delorme* lui a fourni l'idée du « bâtard », c'est au début de l'année 1830, alors qu'il s'occupait d'obtenir l'autorisation de la censure en faveur de

Christine *(créée à l'Odéon le 30 mars) que Dumas situe, dans ses* Mémoires, *la naissance de l'intrigue* d'Antony :

Un jour que je me promenais sur le boulevard, je m'arrêtai tout à coup, me disant à moi-même :

— Un homme qui, surpris par le mari de sa maîtresse, la tuerait en lui disant qu'elle lui résistait, et qui mourrait sur l'échafaud à la suite de ce meurtre, sauverait l'honneur de cette femme, et expierait son crime.

L'idée d'*Antony* était trouvée ; quant au caractère du héros, je crois avoir dit que le Didier de *Marion Delorme* me l'avait fourni.

Six semaines après, *Antony* était fait[1].

Il semble l'avoir « fait » plutôt au printemps puisque, à côté du point final du manuscrit, figure l'indication : «Fini le mercredi 9 juin à midi[2] ». L'expiation sur l'échafaud n'est finalement pas incluse dans l'action de la pièce. Du moment où la dernière réplique s'est imposée à lui, Dumas a laissé au spectateur le soin de deviner la suite. Il ouvrira même la voie à une variante quand il imaginera qu'Antony peut « tout au moins traîner le boulet au bagne[3] ». Le châtiment social a toujours paru aller de soi aux critiques. Qu'est-ce qui nous interdit, pourtant, d'imaginer que le mari d'Adèle va se faire lui-même, et sur-le-champ, justice ?

Le romanesque de l'intrigue enfin, Dumas l'a puisé dans des souvenirs et des fantasmes issus de sa propre expérience.

1. *Ibid.*, p. 1091.
2. Voir notre Notice, p. 164.
3. *Mes Mémoires*, t. II, p. 474.

Quand je fis *Antony*, j'étais amoureux d'une femme qui était loin d'être belle, mais dont j'étais horriblement jaloux : jaloux parce qu'elle se trouvait dans la position d'Adèle, qu'elle avait son mari officier dans l'armée, et que la jalousie la plus féroce qu'on puisse éprouver est celle qu'inspire un mari, attendu qu'il n'y a pas de querelle à chercher à une femme en puissance de mari, si jaloux qu'on soit de ce mari.

Un jour, elle reçut du sien une lettre qui annonçait son retour. Je faillis devenir fou.

J'allai trouver un de mes amis employé au ministère de la Guerre : trois fois le congé, prêt à être envoyé, disparut, déchiré ou brûlé par lui.

Le mari ne vint pas.

Ce que je souffris pendant cette période d'attente, je n'essayerai pas de le dire au bout de vingt-quatre ans, maintenant que cet amour s'en est allé où s'en vont les vieilles lunes du poëte Villon. Mais lisez *Antony* : ce que j'ai souffert, c'est Antony qui vous le racontera.

Antony n'est point un drame, *Antony* n'est point une tragédie, *Antony* n'est point une pièce de théâtre. *Antony* est une scène d'amour, de jalousie, de colère en cinq actes.

Antony, c'était moi, moins l'assassinat. Adèle, c'était elle, moins la fuite[1].

Le 3 juin 1827, Dumas avait en effet rencontré Mélanie Waldor, femme de six ans plus âgée que lui, épouse délaissée d'un officier et mère d'une petite fille.

---

1. *Ibid.*, p. 472-473.

*Mélanie cède aux avances de Dumas le 23 septembre et va, durant les semaines suivantes, le retrouver, de jour, dans des moments qu'il dérobe à son horaire d'employé de bureau. Vers la fin de l'année, l'adultère devient quasi officiel, les parents de Mélanie n'y mettant apparemment pas d'obstacle. Mélanie, qui a elle-même des ambitions littéraires et laissera une œuvre non négligeable, fréquente alors le salon de l'Arsenal et la rue Notre-Dame-des-Champs aux côtés de son amant, dont la célébrité grandit. Quand elle quitte Paris le 3 juin 1830 afin d'achever discrètement sa grossesse dans sa propriété de La Jarrie (près de Clisson), Dumas est sur le point d'achever la première version d'*Antony. Leur fils, c'est convenu, s'appellera Antony. Dumas, pourtant, tarde à la rejoindre. Il vient en effet de rencontrer une autre Mélanie, puisque l'actrice Belle Krelsamer, dont il a presque aussitôt été épris, se fait appeler à la scène Mélanie Serre. Les journées de Juillet lui servent de prétexte pour différer encore son départ. Il se décide enfin à quitter Paris le 22 août, séjourne un mois à La Jarrie et, sans doute afin de la préparer à leur rupture, avoue à Mélanie Waldor son infidélité. Les lettres qu'elle lui envoie au cours des mois suivants sont des cris de jalousie. Qu'Alexandre choisisse donc, entre elle et sa rivale ! Il ne se résout pas à lui dire à quel point il a choisi. Comme pour mieux signifier le naufrage de leur amour, l'enfant qui devait se prénommer Antony ne viendra pas à terme. Pourtant, quand approche le jour de la création de son drame, Dumas envoie à Mélanie sept places d'invitation. Il semble qu'elle ait assisté à la représentation et elle félicitera ensuite sans <u>aigreur</u> l'auteur pour son succès.*

Au début de juillet 1831, elle réagit au contraire furieusement aux vers « faits il y deux ans » que Dumas

*a cru bon de faire éditer en tête de la pièce : elle y voit
« une amère dérision », « une insulte, et un vif désir de
mettre tout un public dans une confidence où l'homme a
tout à gagner, et la femme tout à perdre*[1] *». Cette dédicace à peine voilée en l'honneur d'une maîtresse qui a
inspiré son œuvre, mais qu'il a rejetée avant d'obtenir
un succès qu'ils auraient dû partager, est en effet de la
dernière maladresse ; quand on songe que le héros de
sa pièce préfère affronter la mort plutôt que de nuire à
la réputation de celle qu'il aime, elle apparaît d'une
monstrueuse inconscience. « Tu retrouveras bien des
choses de notre vie dans* Antony, *mon ange, mais de ces
choses que nous seuls connaissons. Ainsi peu nous
importe ! Le public n'y verra rien, nous y verrons, nous,
d'éternels souvenirs », lui avait-il écrit un an plus tôt,
le 13 juin 1830*[2], *alors qu'il venait de terminer son
manuscrit. Admettons que le public n'a « rien vu » : les
amis et les cercles littéraires, devinant d'après la pièce
une partie de l'intimité passée du couple, savent, eux,
que Mélanie a été plus lâchement qu'Adèle victime de
son amant. « Tous mes amis qui vous connaissent savent
que vous m'avez aimée », dit, dans le drame, Adèle à
Antony (acte I, scène 6).*

*La correspondance échangée entre Dumas et Mélanie
comporte trop de lacunes pour que nous poussions très
loin l'explication biographique de la pièce. On retien-
dra surtout la lettre qu'envoyait Dumas le 7 septembre
1827 à Mélanie, peu de jours avant qu'elle ne lui
cédât : « Si j'avais six mois à vous voir avant le retour
de votre mari […]*[3]. *» Celui-ci, à cette époque, était en
garnison à Thionville. Le rival d'Antony, lui, se trou-*

---

1. *Lettres d'Alexandre Dumas à Mélanie Waldor*, p. 143-144.
2. *Ibid.*, p. 90.
3. *Ibid.*, p. 34.

vera à Strasbourg. Mais il ne semble pas que l'officier
François-Joseph Waldor ait jamais fait peser sur le couple
une menace comparable à celle du colonel d'Hervey qui,
dans le drame, inquiète d'autant plus le spectateur
que, sauf à l'extrême fin, on ne le voit jamais. Et, dans
ses lettres, Mélanie ne manifeste pas, vis-à-vis de son
époux ni même de sa fille, des scrupules de conscience
comparables à ceux d'Adèle d'Hervey.

De la Comédie-Française à la Porte Saint-Martin.

*Les étapes de la création d'*Antony *nous sont bien*
connues, car Dumas est un écrivain disert, même s'il lui
arrive de se contredire. Le 10 ou 11 juin 1830, il donne
lecture de son manuscrit à Mlle Mars et à Firmin, comé-
diens du Théâtre-Français qui l'avaient déjà servi dans
Henri III et sa cour. *« Ils sont enchantés de leurs rôles*
et voudraient monter la pièce tout de suite[1]. *» Le 16,*
il lit sa pièce au Comité du Français, où il est reçu
à l'unanimité, si on en croit sa lettre du même jour à
Mélanie; où il n'obtient «qu'un médiocre succès de lec-
ture» si on se fie aux Mémoires[2]. *Trois jours plus*
tard, il constate que la Comédie-Française n'a encore
rien décidé. De toute façon, la censure de la monarchie
de la Restauration, qui connaît alors ses derniers jours,
arrête la pièce. Les répétitions ne commencent que six mois
après la révolution de Juillet, en janvier 1831, et elles
se révèlent aussitôt décevantes. Si les rôles secondaires
sont parfaitement distribués, il en va autrement pour
les deux principaux : aux yeux de Dumas, Mlle Mars

---

1. *Ibid.*, p. 89.
2. *Mes Mémoires*, t. I, p. 1091.

manque de «poésie» pour incarner Adèle, et Firmin de «la fatalité qui fait les Oreste de tous les temps». Tous deux témoignent d'ailleurs de leur mauvaise volonté. Quelques jours avant la représentation, Firmin déclare à Dumas qu'il ne veut pas prendre sur lui «la responsabilité de la chute de la pièce» : il trouve qu'Antony est «un rabâcheur qui, depuis le premier acte jusqu'au cinquième, répète toujours la même chose; qui se fâche on ne sait pourquoi; une espèce de monomane sans cesse en rage, en fureur, en hostilité contre les autres hommes». C'est précisément ce que j'ai voulu faire, lui rétorque Dumas. Mlle Mars, elle, multiplie les caprices. Elle refuse, par exemple, de jouer tant qu'on n'aura pas livré le nouveau lustre du théâtre parce que, ayant dépensé quinze cents francs pour ses robes, elle désire qu'on les voie[1]. *Elle fait refaire à Dumas le cinquième et dernier acte de sa pièce. Aussitôt après, celui-ci est invité par la direction même du théâtre à supprimer tout bonnement le deuxième et le quatrième. C'en est trop. Au reste, la Comédie-Française souffre alors d'une telle désorganisation que Mlle Mars, en février, décide de la quitter. En offrant* Marion Delorme *à la Porte Saint-Martin, Hugo montre l'exemple. Dumas le suit presque aussitôt, il retire à son tour* Antony *de la Comédie-Française pour l'envoyer à la Porte Saint-Martin, qui le programmera avant même la pièce de Hugo.*

Dumas écrira plus tard que, mécontent de Firmin, il avait décrété que le rôle d'Antony était «un Bocage[2] *». Ailleurs, il affirme au contraire que les deux seuls rôles où il avait vu jouer Bocage ne l'aidaient aucunement à se le figurer dans Antony*[3]. *De fait, quand il se tourne*

---

1. Pour tous ces détails, voir *ibid.*, t. II, p. 301-302.
2. *Souvenirs dramatiques*, t. I, p. 250.
3. *Mes Mémoires*, t. II, p. 311.

vers la Porte Saint-Martin, il songe plutôt à Lockroy ou
à Frédérick Lemaître ; au moins a-t-il été d'emblée arrêté
que Marie Dorval serait Adèle, et c'est elle qui a choisi
Bocage pour partenaire. Les Mémoires de Dumas,
peut-être parce qu'ils sont eux-mêmes menés au pas de
charge, reflètent la rapidité avec laquelle l'affaire fut
bouclée. À peine sorti du Théâtre-Français, Dumas est
reçu par Dorval, qui l'appelle « mon bon chien », repousse
ses avances parce qu'elle veut rester fidèle à Vigny (dont
elle deviendra la maîtresse quelques mois plus tard),
écoute son drame, lui explique chemin faisant comment
elle dira certaines de ses répliques et le remet illico à la
tâche dans la chambre vacante de son mari afin qu'il
réécrive (encore !) tout le cinquième acte. C'est chose faite
au matin. « Oh ! tu verras, mon bon chien, quel beau
succès nous aurons[1] *! » Invité séance tenante à déjeuner,*
Bocage écoute à son tour la pièce, s'avoue plutôt per-
plexe, mais se laisse convaincre. Le lendemain, Crosnier,
directeur du théâtre, s'endort au quatrième acte, mais
cède à son tour.

Aux frontières du mélodrame.

« Il y avait dans l'époque quelque chose de maladif
et de bâtard qui répondait à la monomanie de mon
héros[2] *», écrira Dumas, en évoquant les lendemains de*
la Révolution de 1830. Sa figure fut pourtant conçue
avant les journées de Juillet ; et sa gloire et son malheur
firent encore soupirer, ensuite, plus d'une génération de
jeunes gens. On a parfois rangé Antony parmi les vic-

1. *Ibid.*, t. II, p. 310.
2. *Ibid.*, p. 453.

times du «mal du siècle», quoiqu'il n'ait guère la
mélancolie des descendants de René, dont les désirs et les
illusions sont sans prise sur le monde. Mais «mélancolie» signifie de façon générale «humeur noire». Dans
le cas d'Antony, cette humeur ne mène pas au rêve, mais
à la fureur. À ce titre, il était normal qu'il touchât des
écrivains de la seconde génération romantique peu
indulgents pour les tempéraments chlorotiques. S'il se
distingue, c'est en effet, d'abord, par sa force muscu-
laire[1]. Celle-ci ressort d'emblée de son audace à contenir
des chevaux emballés ; et, pour ôter tout doute au spectateur, voici qu'au troisième acte «il frappe la table de
son poignard, et le fer y disparaît presque entièrement».
Ces exploits dignes du boulevard du Crime ne pouvaient
évidemment toucher des âmes poétiques qu'à condition
de signifier qu'un grand amour est capable de tout ren-
verser sur son passage. Baudelaire, dans son «Salon de
1859» (Curiosités esthétiques), rend hommage à la
force d'imagination qui, chez «l'auteur d'Antony, du
Comte Hermann, de Monte-Cristo», se passe facilement d'une patiente étude de la pratique des arts. Quant
à Flaubert, après avoir, à l'âge de quatorze ans, recom-
mandé la lecture du drame de Dumas à son ami Ernest
Chevalier, il rappelle six ans plus tard à sa sœur Caroline
comme il aimait jouer devant elle le rôle d'Antony.
Quatre années passent, et il se récrie auprès de Louise
Colet : «Tu as peut-être cru que je posais, que je me
donnais pour un Antony de bas étage[2]», formule qui

1. «Il est dans la fonction totale de ses muscles, d'abord. Il ne
rêve point, ne soupire point ; il fascine, il conquiert, il défend
sa prise» (Hippolyte Parigot, *Alexandre Dumas père*, Hachette, 1902,
p. 74).
2. Lettres du 18 juin 1835, du 16 novembre 1842 et du 11 août
1846, dans Gustave Flaubert, *Correspondance*, édit. de Jean Bruneau,
Pléiade, Gallimard, t. I, 1973, p. 17, 128, 287.

*consacre implicitement la sincérité du modèle. Maxime
Du Camp témoignera que son ami « s'était pris de passion
pour* Antony, *qui est une des œuvres les plus puissantes
de l'école romantique, et qui eut une importance que les
générations actuelles ne peuvent se figurer. Gustave l'ad-
mirait sans réserve*[1]*… ». « On portait un poignard dans
sa poche comme Antony »,* écrit Flaubert *en évoquant ses
années de collège avec Louis Bouilhet*[2].

Plutôt qu'à René *ou aux Octave de Musset,* Antony
*s'apparente à des héros qui, comme Julien Sorel, conver-
tissent leurs désillusions en capacité à l'action. Ainsi,
dans ses* Essais de psychologie contemporaine
(1883 ; éd. définitive : 1899)*, Paul Bourget compte-t-il
Julien et Antony parmi « la légion des mélancoliques
révoltés*[3] ». *Il est vrai que tous deux partagent une origine obscure (le mystère sur l'identité de la mère, implicite
dans* Le Rouge et le Noir, *est formulé dans* Antony)
*et une inquiétante fixation au meurtre, concrétisée pour
finir par une atteinte à la vie de la femme aimée. Mais
Antony ne se pose pas, comme Julien, la question métaphysique du « Que suis-je ? » (il ne le sait que trop) et
son grand monologue de l'acte III (sc. 3) n'est pas un
moment de froide méditation, mais une manifestation de
ses réserves d'énergie. Jamais il n'envisage, pour prendre
sa revanche sur la société, de mettre en œuvre une stra-
tégie hypocrite : la violence est, chez lui, primitive.*

Cette violence poussée au meurtre était nouvelle dans
ce que Nerval nomme, par opposition au drame historique, « le drame bourgeois ou intime ». « Le poignard
d'Antony parut plus grave que celui de la tragédie ;

---

1. *Souvenirs littéraires,* Aubier, 1994, p. 188.
2. Préface aux *Poésies* de Louis Bouilhet, dans Gustave Flaubert,
Œuvres complètes, Le Seuil, t. II, 1964, p. 760.
3. Coll. « Tel », Gallimard, 1993, p. 206.

on renvoya la chose au boulevard[1]. » *On conjurait, en somme, l'inquiétude suscitée par la pièce en donnant à la machinerie priorité sur ce qu'elle dévoilait du cœur humain. Mais l'abondance des péripéties suffirait pour qu'on rangeât* Antony *aux frontières du mélodrame*[2]. *Le rôle du héros, dans lequel Frédérick Lemaître n'eût pas paru à contre-emploi, combinerait à ce compte celui de l'amoureux aux nobles sentiments et celui du traître. Le poignard, introduit sur scène avant même qu'Antony n'y apparaisse et dont le cachet signifie à la fois amour et mort (acte I, sc. 4), résume la double nature du personnage. Emblème de la fierté farouche du héros, ce poignard annonce en même temps le dénouement. À deux reprises, du reste, Antony brûle de s'en servir (acte II, sc. 5, et acte III, sc. 3). Mais les rares spectateurs qui se rendaient au théâtre sans connaître la dernière réplique de la pièce ne pouvaient, à ce stade de l'intrigue, soupçonner qu'il serait finalement tourné contre la malheureuse Adèle. Au rang des ressorts un peu faciles du drame peuvent être comptées ces mystérieuses ressources qui mettent dans la poche d'Antony de quoi acheter une berline, entretenir aussi longtemps qu'il le faudra à Strasbourg un serviteur déguisé en bourgeois... «Partout où j'irai, ma fortune me suivra ; puis, me manquât-elle, j'y suppléerai facilement », explique-t-il (acte V, sc. 3). Au spectateur vétilleux qui se demande d'où vient cette fortune, le pourvoyeur de fonds rapidement évoqué à la scène 5 de l'acte II est censé fournir une réponse. Fallait-il un tel branle-bas ? On aurait pu imaginer que les amants se rejoignent de façon moins rocambolesque ; mais, tel un*

---

1. Gérard de Nerval, « *Othello. L'Héritière* », *L'Artiste*, 8 septembre 1844, dans *Œuvres complètes*, Pléiade, Gallimard, t. I, 1989, p. 837.
2. Voir par exemple la préface de Jean-Baptiste Goureau à son édition de la pièce, La Table ronde (voir la Bibliographie).

faiseur de mélodrames, Dumas donne au délire de l'invention la primauté sur les subtilités de la psychologie.

S'il faut recenser les rôles obligés du mélodrame, Adèle d'Hervey tient celui de la victime, mais on la trouvera plus consentante qu'il ne convient aux habitudes du genre. Il est vrai que seul un extraordinaire hasard l'empêche de fuir au début de la pièce, quand elle voit le danger s'approcher. Mais son aveu « Antony ! mon Antony, oui, oui, je t'aime... » (acte II, sc. 6) lancerait à sa poursuite n'importe quel amant un peu intrépide. L'opinion de Marie Dorval est, sur ce point, celui d'une amoureuse et d'une femme de bon sens : quand Dumas lui lit le drame, elle juge mal venu le cri qu'Adèle est censée pousser en voyant Antony faire irruption dans sa chambre d'auberge :

« Il me semble que cela doit faire tant de plaisir à Adèle de revoir Antony, qu'elle ne peut pas crier.
— Il faut pourtant qu'elle crie.
— Oui, je sais bien, c'est plus moral... Allons, va, va, mon bon chien[1] ! »

C'est donc au nom de conventions un peu trop transparentes que serait qualifiée de « viol » la consommation de l'adultère. La phrase d'Adèle, en apparence banale : « Dis-moi, Antony, si demain j'étais libre, m'épouserais-tu toujours ? » (acte IV, sc. 8), s'entendra dès lors comme un encouragement, inconscient peut-être mais non moins terrible, à l'usage de ce poignard que son amant caresse si volontiers quand il songe à M. d'Hervey. Non moins dommageable à la pureté de la victime est sa duplicité vis-à-vis de la vicomtesse de Lacy, de qui elle reçoit sans ciller un brevet de vertu dont elle se sait indigne. La der-

---

1. *Mes Mémoires*, t. II, p. 308.

nière scène, enfin, la découverte déchirée entre sa passion et son devoir d'épouse, entre le désir de vivre et celui de mourir, mais aussi entre la résolution d'emmener sa fille ou de l'abandonner à son père, ce dernier dilemme signifiant de la façon la plus claire sa soumission à la passion d'Antony. Ce « mélodrame », si on veut l'appeler ainsi, s'enrichit, en particulier grâce au rôle d'Adèle, de nuances et d'indécisions absentes des plus grossières productions du genre.

La passion des amants pose la question de la « fatalité », invoquée par Adèle à la scène 2 de l'acte V. Adèle peut se juger, comme une héroïne de mélodrame, victime d'une étonnante série d'événements : rencontre miraculeuse d'Antony avec les chevaux emballés, absence d'une voiture qui lui aurait permis de rallier Strasbourg, disposition des deux chambres d'auberge reliées par un balcon et, pour finir, retour prématuré de son époux. Celui-ci est-il rentré par hasard ou parce que lui sont parvenues des rumeurs sur l'infidélité d'Adèle ? Nous l'ignorons. Pour le reste, nous savons que plusieurs des circonstances qui décident du destin de l'héroïne, loin d'être tombées du ciel, doivent aux formidables pouvoirs de son amant. Mais Adèle s'apparente aussi à une héroïne tragique, dans la mesure où la fatalité qui l'accable est d'abord intérieure, c'est-à-dire qu'elle est conduite par sa passion pour Antony à succomber aux pièges de l'existence. Avec une parfaite lucidité, elle ne met jamais en doute la réalité de son amour. Aussi formule-t-elle d'emblée la seule précaution raisonnable : « Mais il ne faut pas que je revoie Antony... » (acte I, scène 2). La sage et douce Clara, qui joue dans l'exposition de l'intrigue un rôle traditionnel et utile de confidente (au point d'examiner sans façons le courrier reçu par sa sœur), est tout le contraire d'une Œnone ; elle va pour-

*tant contribuer, malgré elle, au destin tragique d'Adèle,
d'abord en se montrant imprudemment rassurante
(«Oh! moi, je suis sûre que nous n'allons retrouver
qu'un ami bien dévoué, bien sincère… », acte I, sc. 2),
puis au début du deuxième acte en la pressant de témoi-
gner à Antony une légitime reconnaissance («Tu as été
bien cruelle envers lui ») et en contrariant sa fuite
(«Que risques-tu de rester encore quelque temps ?… »).
Précisément parce qu'elle est, comme l'indique son pré-
nom, de ces âmes simples et pures qui ne comprennent
pas quels ravages peut causer la passion (elle est, signale
Adèle, heureuse près d'un mari qui l'aime), elle devient
un des agents de la fatalité.*

*Héros dramatique confiant dans la force de l'action,
Antony préfère au terme de « fatalité » celui de « hasard »
(acte II, scène 3). À la différence de la fatalité, qui a toujours raison des exploits humains, les hasards, même s'ils
échappent à l'entendement et sont sources de malheurs,
aiguisent l'esprit d'aventure. Soit on s'en remet à eux
(«j'aime trop, quand cela m'est possible, charger le
hasard du soin de penser pour moi », acte II, sc. 3), soit
on les contrecarre, soit on en crée de nouveaux — dans
tous les cas, le héros aventureux joue avec eux. Contre
les deux grands hasards qui ont fait son malheur (celui
de sa naissance, puis la rencontre anodine d'un ami qui
lui fit, un jour, connaître l'être aimé), Antony bâtit
ingénieusement d'autres « hasards » — en clair des
machinations qui feront aux yeux de la société l'effet de
hasards et qui consacrent en réalité leur auteur comme
un démiurge. On peut considérer que, victime d'une
malédiction du Ciel, Antony est condamné à mourir tra-
giquement du moment qu'il était mal né. Mais sans
doute rend-on mieux justice au héros si on dit que, en
accomplissant le sacrifice suprême (le meurtre de celle*

qu'il aime), il parvient à triompher pleinement du hasard, et que, ayant multiplié les inventions qui lui ont permis d'exister, il invente en fin de compte jusqu'à sa destinée en choisissant sa mort. Que les rebondissements d'intrigue et les péripéties extraordinaires de la pièce apparentent celle-ci à un mélodrame, on en conviendra. Mais le spectateur sera moins sensible à leur mécanique qu'à la frénésie de celui qui les agence en vertu d'un désir de revanche.

Cette revanche est principalement dirigée contre l'ordre social. «J'avais fait d'Antony un athée. [Vigny] me fit effacer cette nuance du rôle», écrit Dumas dans ses Mémoires[1]. L'a-t-il bien effacée? Si Vigny trouve Antony vrai et effrayant, c'est justement parce qu'il fait partie de ces «hommes blasés, durs et athées» qui «s'inventent des malheurs mystérieux et le plus byroniens possible[2]». Impie plutôt qu'athée, Antony blasphème (acte II, sc. 5)[3] avant d'affirmer que «Dieu est juste» (acte III, sc. 3). Il aura tout de même entraîné Adèle vers l'impiété («Ah! c'est à faire douter de la bonté céleste!… », acte III, sc. 6) avant de s'en remettre lui-même à Dieu pour qu'il rende justice «là-haut» aux femmes honnêtes (acte IV, sc. 6), puis de le bénir (mais c'est là le pire blasphème) parce qu'il l'a entraîné jusqu'au meurtre (acte V, sc. 3). Le dernier vers de la «dédicace» de Dumas a-t-il pour fonction de donner le ton?

---

1. *Ibid.*, p. 463.
2. Alfred de Vigny, «Une lettre sur le théâtre», éd. citée, p. 1233-1234.
3. «Il y a dans le blasphème une grande déperdition de force qui soulage le cœur trop plein», écrira Musset dans *La Confession d'un enfant du siècle* (Folio classique, Gallimard, 1973, p. 33) en analysant le «mal du siècle».

Je pourrais, pour son sang, t'abandonner ma vie
Et mon âme... si j'y croyais!

*Antony, lui, croit à son âme; mais c'est pour la vendre
au Diable. «Perdre mon âme pour si peu? Satan en
rirait», s'écrie-t-il à l'avant-dernière scène. Qu'on se rassure, Dumas aussi croyait à la sienne[1] et ses vers miment
sans grande sincérité le «mal du siècle». Au total, on ne
cherchera pas à ce drame ponctué par les «mon Dieu!»
presque autant que par les points de suspension[2] une
cohérence religieuse ou métaphysique ni la moindre
dimension faustienne.*

Le temps et l'espace.
Aux frontières du romanesque

*Les étapes de l'aventure sont soigneusement indiquées
par Dumas. Trois ans ont passé, au lever du rideau,
depuis qu'Antony et Adèle ont dû renoncer à leur
amour. Entre l'acte I et l'acte II s'écoulent cinq journées,
pendant lesquelles Adèle refuse de voir Antony en tête à
tête. Les actes II et III, qui s'enchaînent presque en
continuité, couvrent quelques heures à peine, suffisantes
pour qu'Antony réalise la machination qui conduit au
«viol» d'Adèle. Trois mois (comme se charge de le rap-
peler fielleusement Mme de Camps) séparent la fin de
l'acte III des actes IV et V, enchaînés eux aussi en conti-*

1. Ainsi que le rappellent Fernande Bassan et Sylvie Chevalley,
Alexandre Dumas père et la Comédie-Française, p. 54 (voir la Bibliographie).
2. Un «mon Dieu», à la scène 6 de l'acte I, prête à équivoque:
«Oh! ne t'éloigne pas, mon Dieu!...», s'écrie Antony. En la cir-
constance, c'est à Adèle qu'il s'adresse. On pourrait croire qu'il
supplie Dieu...

nuité. Mais au fil des confidences des amants et de l'évo-
cation attendrie ou rageuse de leur vie passée, le temps
s'est allongé, creusé, donnant parfois autant de réalité
au « roman » de leur aventure inaboutie qu'à l'action
qui se déroule sous nos yeux. C'est à nouveau dans un
« roman » que s'installe Antony quand il ordonne à son
domestique de prendre un logis, à Strasbourg, en face
de celui du colonel d'Hervey : « Si, dans un mois, deux
mois, trois mois, n'importe à quelle époque, tu apprends
qu'il va revenir à Paris, tu partiras à franc étrier pour
le dépasser… » (acte III, sc. 2). Le roman des amours
adultères d'Antony et d'Adèle contrariées par la société,
ébauché à partir de l'acte IV, sera brisé par un vrai coup
de théâtre : le retour inopiné du colonel. Mais une fois le
rideau tombé, le spectateur a tout loisir d'imaginer la fin
héroïque d'Antony. La manière dont Dumas raconte
l'intrigue dans ses Mémoires *est tout à fait révélatrice :*

Antony, engagé dans une intrigue coupable,
emporté par une passion adultère tue sa maîtresse pour sauver l'honneur de la femme et s'en
va mourir sur un échafaud, ou tout au moins traîner le boulet au bagne[1].

Le « et s'en va mourir » met sur un même plan la der-
nière péripétie de la pièce et les péripéties « romanesques »
qui peuvent s'ensuivre. Ajoutons que, pour laver tout à
fait l'honneur d'Adèle, Antony ne devra pas, lors de son
procès, défier la société à la manière de Julien Sorel, mais
prendre, tête basse, l'entière responsabilité de son crime.
L'action représentée s'est étendue, au total, sur un peu
plus de trois mois, durée très supérieure à celle qu'auto-

1. *Mes Mémoires,* t. II, p. 474.

risait, *avant la révolution romantique, la règle de l'unité de temps, mais minime au regard de cette existence mouvementée dont les péripéties débordent amplement le lever et le baisser du rideau. C'est à peine si la volage vicomtesse de Lacy a eu le temps de changer une fois d'amant!*

L'espace de la scène contient lui aussi avec peine les données de l'intrigue et l'extraordinaire besoin de mouvement du héros. Ce drame « sent l'alcôve », écrit Le Figaro *du 5 mai 1831*[1], *non pour le regretter, mais pour en souligner au contraire le caractère « chaleureux ». Les actes I et II se situent à Paris (au domicile d'Adèle), les actes IV et V à nouveau à Paris (chez la vicomtesse de Larcy, puis au domicile d'Adèle). L'acte III, central, déplace l'action à proximité de Strasbourg. Si la direction du Français a conseillé à Dumas de supprimer les actes II et IV (non, sans doute, en les retirant comme des tiroirs, mais en les fondant dans les autres), c'est qu'ils avaient dû paraître d'une faible intensité dramatique au regard du troisième*[2]. *Au total, en comprimant une aussi formidable énergie dans un espace aussi restreint, Dumas lui a donné une force d'explosion que libérera le dénouement : après avoir couru le monde et accompli des travaux d'Hercule, c'est dans l'intimité d'une chambre qu'Antony est pris au piège. Mais les lieux clos du drame exigeaient des espaces de dégagement.*

L'acte III et, à un moindre degré, l'acte IV mettent à l'épreuve l'ingéniosité du metteur en scène. En tête de

---

1. Cité dans Fernande Bassan et Sylvie Chevalley, *Alexandre Dumas père et la Comédie-Française*, p. 56.
2. Dans ses *Mémoires*, Dumas note que « ce fut pendant un temps le défaut dominant de Victor Hugo de faire des quatrièmes actes qui pouvaient s'enlever comme des tiroirs », mais n'en étaient pas moins superbes en eux-mêmes (t. I, p. 1052).

*l'acte III, Dumas a renoncé à indiquer l'architecture
compliquée qui favorise l'entreprise d'Antony[1] : le héros,
à mesure qu'il mettra au point son traquenard, en four-
nira lui-même le détail. Deux chambres communicantes
(dont l'une inclut un cabinet fermé), reliées par un balcon visible au fond de la scène, et qui ménagent néan-
moins sur le devant un espace neutre (couloir ou entrée)
où Antony peut s'entretenir avec l'hôtesse : il faut que le
décorateur prévoie d'audacieuses vues en coupe pour
rendre visibles au spectateur toutes les allées et venues
des acteurs. Juxtaposer à l'intérieur de l'espace scénique
des éléments capables de donner à voir des actions (ou
des préparations d'actions) simultanées : Hugo fera
mieux encore dans* Le Roi s'amuse[2]. *Les audaces de
construction décorative des deux drames tendent, sans
y céder tout à fait, aux «changements à vue» que
Théophile Gautier croira, en 1838, indispensables au
drame moderne[3]. Il est par ailleurs piquant que Dumas
ironise, dans ses* Mémoires, *sur «cette manie qu'a
Hugo de faire entrer ses personnages par les fenêtres, au
lieu de les faire entrer par les portes, et qui se trahissait
là [dans* Marion Delorme], *chez lui, pour la première
fois[4]». On lui concédera que dans* Antony, *l'entrée de
son héros par la fenêtre d'Adèle répond à une vraie
nécessité d'intrigue. De plus, Antony ne se propulse pas*

---

1. Voir les indications qu'il avait d'abord portées sur le manuscrit (n. 1, p. 95).
2. Au début de l'acte IV.
3. «Sans changements à vue, le drame moderne est impossible ;
le drame moderne est complexe de sa nature, et représente une
action sous plusieurs de ses faces, les combinaisons simples sont
épuisées depuis longtemps ; or, comment encadrer une action
multiple dans une décoration unique ou même changée d'acte en
acte ?» («L'état de l'art dramatique en France», 8 janvier 1838).
4. *Mes Mémoires*, t. I, p. 1051.

sur la scène comme un diable issu d'une boîte : son pas-
sage par le balcon d'une chambre à l'autre offre au
spectateur une troublante plongée vers un au-delà de
l'espace scénique.

Parce que les dialogues n'y autorisent pas aussi clai-
rement que dans l'acte III la construction de l'espace,
Dumas a maintenu en tête de l'acte IV des indications
scéniques qui exigent moins de virtuosité de la part du
décorateur, mais autorisent l'intéressant ballet mondain
qui va se jouer dans le boudoir de la vicomtesse, où se
succèdent huit personnages identifiés (auxquels s'ajou-
tera finalement Louis, le serviteur d'Antony), « quelques
autres personnes qu'on ne nomme pas », suivies par
une jeune fille et sa mère, ainsi que « plusieurs domes-
tiques ». Le metteur en scène pourra à son gré dévoiler
plus ou moins le « salon élégant préparé pour un bal »
sur lequel ouvre ce très vaste boudoir : l'existence du
salon est de toute manière attestée par la musique qui,
appelant les invités pour une première contredanse
(sc. 6), puis pour une seconde (sc. 7), creuse ainsi
l'espace au-delà de son étendue visible.

Le début de la pièce avait, plus brièvement mais plus
largement, agrandi l'espace imaginaire qui se déploie au-
delà de l'espace visible. Le dialogue engagé par Clara et
Adèle après que celle-ci est sortie pour fuir Antony dépasse
l'usage de la voix off *couramment utilisée dans les cou-*
lisses de théâtre, et l'accident spectaculaire causé par les
chevaux d'Adèle (évidemment impossible à présenter sur
une scène) gagne en consistance grâce aux voix des
témoins qui, dans la rue, évaluent les dégâts. Quand
Antony sera recueilli, blessé, au domicile d'Adèle, le spec-
tateur aura l'impression d'avoir vu *la scène, comme si*
(déjà) l'imaginaire romanesque prolongeait, jusqu'à s'en
distinguer à peine, la représentation visuelle de l'action.

Faut-il en rire ?

« *Un amour comme celui d'Antony vous tuerait, du moment que vous ne le trouveriez pas ridicule* », dit *Eugène à la vicomtesse de Lacy (acte IV, sc. 1). Les metteurs en scène semblent craindre, depuis longtemps, que le ridicule lui-même ne risque de tuer. Dumas, qui assistait à la reprise de sa pièce en 1867, écrivait à Laferrière : « Tu as sauvé par des intonations railleuses les passages que moi-même je croyais avoir vieilli*[1]. » Ainsi, du vivant de Dumas déjà, certains passages avaient besoin d'être « sauvés », peut-être au prix d'une légère parodie. En 1912, après une représentation de la pièce à la Comédie-Française où les spectateurs avaient étouffé des fous rires, Jules Claretie, administrateur du théâtre, notait avec humour que les Parisiennes préféreraient aujourd'hui le divorce à la mort[2]. Leur lâcheté, près d'un siècle plus tard, s'est sûrement aggravée. La dernière réplique est la plus assassine, non parce qu'elle est trop attendue (la célébrité d'un vers de* Phèdre *ou de* Ruy Blas *accroît son pouvoir d'émotion), mais parce que la résolution d'Antony a été trop vite suivie d'effet. Rien, dans la pièce, ne l'a préparée, jusqu'au bref échange* « Tu ne crains donc pas la mort, toi ? — Oh ! non !… elle réunit… » *dont Antony tire presque aussitôt les conséquences en procédant à une forme d'exécution[3]. Il y a de la grandeur à sauver l'honneur de la femme qu'on aime et à le*

---

1. Lettre de Dumas citée par Fernande Bassan et Sylvie Chevalley, *Alexandre Dumas père et la Comédie-Française*, p. 61.
2. *Ibid.*, p. 64.
3. Encore la précipitation d'Antony à accomplir son geste a-t-elle été un peu atténuée du manuscrit au livret…

payer de sa vie. Le cœur déjà amolli, quelques contem-
porains de Claretie durent pourtant se montrer incré-
dules devant la soudaineté du geste ou, ce qui vaudrait
mieux, terrifiés par sa barbarie. Mais, qu'ils conjurent
la peur ou signalent la gaieté, les rires sonnent de la
même façon.

La violence renversante et finalement meurtrière du
héros n'a une chance d'émouvoir le spectateur que si
celui-ci la devine mue par un amour profond. Firmin se
trompait-il quand il jugeait Antony un « monomane »
sans cesse furieux contre les autres hommes ? Il avait
tort, au moins, de croire que la pièce courait pour autant
à l'échec. Ses préventions, aujourd'hui, refont surface.
À quel moment de la pièce Antony donne-t-il à Adèle
le moindre témoignage de tendresse ? Dans la grande
scène 5 de l'acte II, où il ouvre son cœur, les « moi » en
arrivent à l'emporter sur les « Mon Dieu » (« Moi ! moi !
je n'ai pas même la pierre d'un tombeau où je puisse lire
un nom et pleurer », « Moi, je ne sais pas même où j'ai
ouvert les yeux... », « Et pourquoi les accepterais-je,
moi ? »). Et elle, donc ? Elle se satisfera d'apprendre
que, quelques jours au moins, il a été heureux. La plon-
gée vers ce passé vieux de trois ans, assez insistante pour
donner à la pièce une tonalité romanesque, favorise les
épanchements du héros, à moins que (éternelle dialectique
du fond et de la forme) son caractère n'ait eu justement
pour vertu de modeler cette surprenante temporalité.
Au-delà de son histoire d'amour, c'est aussi l'histoire
d'un bâtard depuis sa naissance que déroule Antony.
La visite rendue par la vicomtesse de Lacy à l'hospice
des Enfants-Trouvés (acte II, sc. 4) lui est un prétexte
pour s'apitoyer plus que jamais sur lui-même. Aussi
bien, quand il déclare ne pas avoir « deviné si la vie est
une plaisanterie bouffonne ou une création sublime »,

on se dit qu'il ne suffit pas de prononcer des paroles dignes de Shakespeare pour être un héros shakespearien. C'est moins une énigme cosmique qu'il livre à notre réflexion, qu'une insatisfaction d'ordre personnel.

Plus qu'un mélange du comique et du sublime, Antony offre au lecteur (et offrirait sans doute au spectateur aujourd'hui) un curieux mélange du spirituel et du terrible. À défaut de disposer de l'espace et du temps qui seront accordés à Edmond Dantès pour exercer sa vengeance contre l'injustice de la société, le héros inquiète ici à la faveur d'une concentration dramatique dans des lieux percés de soupapes où se libère son trop-plein d'énergie et dans un temps saturé jusqu'à l'explosion de souvenirs cuisants. Discerner dans Antony des éléments romanesques, ce n'est pas inviter à lire la pièce comme un roman en herbe, mais analyser les tensions sans lesquelles il n'est pas de vrai drame.

La frivolité de la société peut justifier la fureur du héros. On trouve, dans le drame de Dumas, moins de « bouffonneries » que de traits spirituels ou malicieux, contrastant avec les terribles destins qui se jouent. De cet esprit, la vicomtesse de Lacy est, tantôt délibérément, tantôt à son corps défendant, la dépositaire. Par ses premiers mots, « Il faut être fraîche et gaie », elle s'affiche en représentante des grâces légères de l'Ancien Régime, exempte de l'hypocrisie du monde bourgeois puisque, à aucun moment, elle ne prétend à la vertu. Ayant découvert Antony et Adèle enlacés, elle n'interviendra plus dans la pièce que par quatre brèves répliques qui révèlent son sang-froid sans dévoiler ses pensées. On l'imagine déçue que son amie lui ait menti, envieuse comme toute femme qui rêve d'inspirer une passion (« Voilà comme j'aurais voulu être aimée… », a-t-elle avoué à Eugène), en aucun cas effarouchée par cet adultère renouvelé, ou *peu s'en faut, dans son propre boudoir. Perméable aux spécialités et aux jargons de ses amants (militaire, médecin, poète…), elle se dessine dès la deuxième scène comme une figure de comédie; charitable avec condescendance pour les enfants trouvés, elle vire au personnage de satire, mais il faut qu'Antony réagisse comme un écorché vif pour que son impair tire à conséquence. À partir du moment où elle prend le parti d'Adèle — donc le sien — contre Mme de Camps, Antony renonce à ses griefs: «Elle est bonne, cette femme!» (acte IV, sc. 8), involontaire écho au «Elle est bonne, la lame de ce poignard!» (acte III, sc. 3).*

Alors qu'Antony était, jusque dans l'agencement du décor, l'ordonnateur du troisième acte du drame, la vicomtesse de Lacy, chez qui se donne le bal, est l'ordonnatrice du quatrième. Dumas a raconté, dans ses Mémoires, *comment il était si peu sûr de cet acte qu'il préféra, le soir de la création du drame, aller se promener du côté de la Bastille et ne revenir au théâtre que pour cueillir les lauriers du cinquième[1]. Une réplique de la scène 2 de l'acte I prépare le point culminant de l'acte IV : «Cette femme me fait mal avec ses éternelles calomnies», dit Adèle à propos de Mme de Camps. La «calomnie» (qui est en réalité une médisance) de Mme de Camps n'aura à vrai dire aucune incidence sur le dénouement. Tel est le point faible de cet acte IV : le conflit ouvert d'Antony avec la société dont il est entouré et la surprise de la vicomtesse découvrant le couple enlacé n'ont pas de valeur* dramatique, *puisque rien ne serait changé à la situation des amants si n'était annoncé,* in fine, *le retour du colonel, évidemment sans rapport avec les éclats qui viennent de se produire. Rarement, pourtant,*

---

1. *Mes Mémoires*, t. II, p. 469.

Dumas s'est montré aussi habile dramaturge que dans cet acte qu'on qualifiera, au plan de l'intrigue, de transition. *Pour avoir réuni, avec plus d'étourderie que de malice, son ancien amant (médecin) et son amant en titre (poète), la vicomtesse « met en scène » l'admirable échange de piques : « Siffle-t-on toujours ? — Meurt-on quelquefois ? ». Pour avoir, parce que la morale n'est pas son affaire, jeté en pâture à une prude deux invités de réputation suspecte, elle fait de son boudoir un lieu de confrontation sur les mœurs de son temps et, au-delà, sur les possibilités de les représenter à la scène. En contrepoint des terrifiants exploits de son héros, Dumas a composé un acte brillant où, sur fond de musique mondaine et au sein du ballet dessiné par les invités, sourd une terrible révolte. Peut-être, en tentant d'égarer son anxiété sur les boulevards, Dumas a-t-il, le soir de la première, raté le meilleur du spectacle*[1].

Notre époque n'a pas ce « quelque chose de maladif et de bâtard » qui permettait à la génération de 1830 de s'enflammer en faveur d'une passion pourvu qu'elle fût ravageuse. Qu'Antony soit un enfant trouvé n'excuse plus, à nos yeux, que son amour se réduise à un désir de conquête ou de revanche. Admettons qu'il ne puisse faire mieux, à la dernière extrémité, que donner la mort à celle qu'il aime : il faudrait, pour magnifier son suprême cadeau, qu'il lui eût offert auparavant autre chose que des récriminations et le témoignage de sa vigueur. On supposera donc qu'en cette « époque étrange » des lendemains de Juillet, où les jeunes gens, « ivres de poésie et d'amour », aimaient « des formes vagues, des teintes

1. Dumas sous-estime le côté « spirituel » de sa pièce quand il nie qu'il y ait « dans *Antony* le plus petit mot pour rire » (*Souvenirs dramatiques*, t. I, p. 241).

roses et bleues, des fantômes métaphysiques » (*Gérard de Nerval,* Sylvie)*, le déploiement d'une formidable énergie au service de la passion signifiait* lui aussi *l'amour. Ainsi l'a compris le public de la Porte Saint-Martin parce qu'il était, en un sens qui nous fuit un peu,* romantique. *Il faudrait que nous soit aujourd'hui donné, le temps de quelques représentations, l'occasion d'imaginer à nouveau, si possible sans rire, cet idéal inquiétant et bizarre qui touchait encore Baudelaire et Flaubert.*

Pierre-Louis REY

Antony

DRAME EN CINQ ACTES, EN PROSE

Porte Saint-Martin. — 3 mai 1831

« Ils ont dit que Childe Harold, c'était moi...
Que m'importe ! »

BYRON [1].

Voici des vers que j'ai faits il y a deux ans. Si je connaissais une meilleure explication de mon drame, je la donnerais [2].

A ***

Que de fois tu m'as dit aux heures du délire,
Quand mon front tout à coup devenait sou-
    cieux :
« Sur ta bouche pourquoi cet effrayant sourire ?
      Pourquoi ces larmes dans tes yeux ? »

Pourquoi ? C'est que mon cœur, au milieu des
    délices,
D'un souvenir jaloux constamment oppressé,
Froid au bonheur présent, va chercher ses sup-
    plices
      Dans l'avenir et le passé !

Jusque dans tes baisers je retrouve des peines.
Tu m'accables d'amour… L'amour, je m'en sou-
　　viens,
Pour la première fois s'est glissé dans tes veines
　　　　Sous d'autres baisers que les miens !

Du feu des voluptés vainement tu m'enivres.
Combien, pour un beau jour, de tristes lende-
　　mains !
Ces charmes qu'à mes mains, en palpitant, tu
　　livres,
　　　　Palpiteront sous d'autres mains.

Et je ne pourrai pas, dans ma fureur jalouse,
De l'infidélité te réserver le prix ;
Quelques mots à l'autel t'ont faite son épouse,
　　　　Et te sauvent de mon mépris.

Car ces mots pour toujours ont vendu tes caresses ;
L'amour ne les doit plus donner ni recevoir ;
L'usage des époux a réglé les tendresses,
　　　　Et leurs baisers sont un devoir.

Malheur, malheur à moi que le ciel en ce monde
A jeté comme un hôte à ses lois étranger !
À moi qui ne sais pas, dans ma douleur profonde,
　　　　Souffrir longtemps sans me venger !

Malheur ! car une voix qui n'a rien de la terre
M'a dit : « Pour ton bonheur, c'est sa mort qu'il te
　　faut ! »
Et cette voix m'a fait comprendre le mystère
　　　　Et du meurtre et de l'échafaud…

Viens donc, ange du mal dont la voix me convie;
Car il est des instants où, si je te voyais,
Je pourrais, pour son sang, t'abandonner ma vie
Et mon âme... si j'y croyais!

ALEX. DUMAS.

DISTRIBUTION [1]

ANTONY	M. BOCAGE.
ADÈLE D'HERVEY	Mme DORVAL.
EUGÈNE D'HERVILLY, *jeune poète*	M. CHÉRI.
OLIVIER DELAUNAY, *médecin*	M. ÉDOUARD.
LA VICOMTESSE DE LACY	Mme ZÉLIE PAUL.
LE BARON DE MARSANNE, *abonné du* Constitutionnel	M. MOESSARD.
FRÉDÉRIC DE LUSSAN	M. MONVAL.
LE COLONEL D'HERVEY	M. WALTER.
MADAME DE CAMPS	Mlle MÉLANIE.
CLARA, *sœur d'Adèle*	Mme CAUMONT.
L'HÔTESSE *d'une petite auberge* *aux environs de Strasbourg*	Mme SIMON.
LOUIS, *domestique d'Antony*	M. HÉRET.
HENRI, *domestique chez M. d'Harvey*	M. LAISNÉ.
UN DOMESTIQUE *de la vicomtesse de Lacy*	M. BOUQUET.
LA FEMME DE CHAMBRE D'ADÈLE	Mme AUBÉ.

ACTE PREMIER

Un salon du faubourg Saint-Honoré[1]

SCÈNE PREMIÈRE

ADÈLE, CLARA, LA VICOMTESSE DE LACY,
debout et prenant congé de ces dames.

LA VICOMTESSE, *à Adèle.*

Adieu, chère amie! soignez bien votre belle
santé; nous avons besoin de vous cet hiver, et,
pour cela, il faut être fraîche et gaie, entendez-
vous?

ADÈLE

Soyez tranquille, je ferai de mon mieux pour
cela; adieu! Clara, sonne un domestique; qu'il
fasse avancer la voiture de madame la vicomtesse.

LA VICOMTESSE

Entendez-vous bien? la campagne, le lait
d'ânesse et l'exercice du cheval, voilà mon ordon-
nance. — Adieu, Clara.

Elle sort.

SCÈNE II

ADÈLE, *se rasseyant.*

Sais-tu pourquoi la vicomtesse ne parle plus que de médecine?

CLARA

Sais-tu pourquoi, il y a un an, la vicomtesse ne parlait que de guerre?

ADÈLE

Méchante!

CLARA

Oui, le colonel Armand est parti, il y a un an, pour la guerre d'Alger[1]. M. le docteur Olivier Delaunay a été présenté en son absence à la vicomtesse. La guerre et la médecine se donnent la main. Et tu sais que notre chère vicomtesse est le reflet exact de la personne qui a le bonheur de lui plaire. Dans trois mois, vienne un jeune et bel avocat, et elle donnera des consultations, comme elle traçait des plans de bataille, comme elle vient de te prescrire un régime.

ADÈLE

Et qui vous a conté tout cela, belle provinciale arrivée depuis quinze jours?

CLARA

Est-ce que je ne la connaissais pas avant de quit-

ter Paris? Et puis Mme de Camps est venue hier
pendant que tu n'y étais pas; elle m'a fait la bio-
graphie de la vicomtesse.

ADÈLE

Oh! que je suis aise de ne pas m'être trouvée
chez moi! Cette femme me fait mal avec ses éternelles calomnies.

CLARA, *à un Domestique qui entre.*

Qu'y a-t-il?

LE DOMESTIQUE

Une lettre.

CLARA, *la prenant.*

Pour moi, ou pour ma sœur?

LE DOMESTIQUE

Pour madame la baronne.

ADÈLE

Donne... C'est sans doute de mon mari.

Le Domestique sort.

CLARA, *remettant la lettre à Adèle.*

Ce n'est point son écriture; d'ailleurs, la lettre
est timbrée de Paris, et le colonel est à Strasbourg.

ADÈLE, *regardant le cachet,*
puis l'écriture.

Dieu!

CLARA

Qu'as-tu donc?

ADÈLE

J'espérais ne revoir jamais ni ce cachet ni cette écriture.

> *Elle s'assied et froisse la lettre entre ses mains.*

CLARA

Adèle!… calme-toi… Tu es toute tremblante!… Et de qui est donc cette lettre?

ADÈLE

Oh! c'est de lui!… c'est de lui!…

CLARA, *cherchant.*

De lui?…

ADÈLE

Voilà bien sa devise, que j'avais prise aussi pour la mienne… *Adesso e sempre*… «Maintenant et toujours.»

CLARA

Antony!

ADÈLE

Oui, Antony de retour! et qui m'écrit,… qui ose m'écrire!…

CLARA

Mais c'est à titre d'ancien ami, peut-être?

ADÈLE

Je ne crois pas à l'amitié qui suit l'amour.

CLARA

Mais rappelle-toi, Adèle, la manière dont il est parti tout à coup, aussitôt que le colonel d'Hervey te demanda en mariage, lorsqu'il pouvait s'offrir à notre père, qui lui rendait justice… Jeune, paraissant riche, … aimé de toi ?… car tu l'aimais !… il pouvait espérer d'obtenir la préférence… Mais point du tout, il part, te demandant quinze jours seulement… Le délai expire… on n'entend plus parler de lui, et trois ans se passent sans qu'on sache en quel lieu de la terre l'a conduit son caractère inquiet et aventureux… Si ce n'est une preuve d'indifférence, c'en est au moins une de légèreté.

ADÈLE

Antony n'était ni léger ni indifférent… Il m'aimait autant qu'un cœur profond et fier peut aimer ; et, s'il est parti, c'est qu'il y avait sans doute, pour qu'il restât, des obstacles qu'une volonté humaine ne pouvait surmonter… Oh ! si tu l'avais suivi comme moi au milieu du monde, où il semblait étranger, parce qu'il lui était supérieur ; si tu l'avais vu triste et sévère au milieu de ces jeunes fous, élégants et nuls ;… si, au milieu de ces regards qui, le soir, nous entourent, joyeux et pétillants,… tu avais vu ses yeux constamment arrêtés sur toi, fixes et sombres, tu aurais deviné que l'amour qu'ils exprimaient ne se laissait pas abattre par quelques difficultés… Et, lorsqu'il serait parti, tu te serais dit la première : « C'est qu'il était impossible qu'il restât. »

CLARA

Mais peut-être que cet amour, après trois ans d'absence…

ADÈLE

Regarde comme sa main tremblait en écrivant cette adresse.

CLARA

Oh! moi, je suis sûre que nous n'allons retrouver qu'un ami bien dévoué, bien sincère…

ADÈLE

Eh bien, ouvre donc cette lettre, alors!… car, moi, … je ne l'ose pas…

CLARA, *lisant.*

«Madame…» Tu vois : *madame…*

ADÈLE, *vivement.*

Il n'a jamais eu le droit de me donner un autre nom.

CLARA, *lisant.*

«Madame, sera-t-il permis à un ancien ami, dont vous avez peut-être oublié jusqu'au nom, de déposer à vos pieds ses hommages respectueux? De retour à Paris, et devant repartir bientôt, souffrez qu'usant des droits d'une ancienne connaissance, il se présente chez vous ce matin.

» Daignez, etc.

» ANTONY. »

ADÈLE

Ce matin !… il est onze heures… il va venir…

CLARA

Eh bien, je ne vois là qu'une lettre très froide, très mesurée…

ADÈLE

Et cette devise ?…

CLARA

C'était la sienne avant qu'il te connût, peut-être ; il l'a conservée… Mais sais-tu qu'il y a vraiment de l'amour-propre… car qui te dit qu'il t'aime encore ?

ADÈLE, *mettant la main sur son cœur.*

Je le sens là…

CLARA

Il annonce son départ…

ADÈLE

Si nous nous revoyons, il restera… Écoute : je ne veux pas le revoir, je ne le veux pas… Ce n'est point à toi, Clara, ma sœur, mon amie… à toi qui sais que je l'ai aimé… que j'essayerai de cacher un seul sentiment de mon cœur… Oh ! non, je crois bien que je ne l'aime plus… D'Hervey est si bon, si digne d'être aimé, que je n'ai conservé aucun regret d'un autre temps… Mais il ne faut pas que je revoie Antony… Si je le revois, s'il me parle, s'il me regarde… Oh ! c'est qu'il y a dans ses yeux une fascination, dans sa voix un charme… Oh !

non, non. — Tu allais sortir, c'est moi qui sortirai.
Tu le recevras, toi, Clara; tu lui diras que j'ai
conservé pour lui tous les sentiments d'une
amie;... que, si le colonel d'Hervey était ici, il se
ferait, comme moi, un vrai plaisir de le recevoir;
mais qu'en l'absence de mon mari, ... pour moi,
ou plutôt pour le monde, je le supplie de ne pas
essayer de me revoir... Qu'il parte!... et tout ce
qu'une amie peut faire de vœux accompagnera
son départ... Qu'il parte! ou, s'il reste, c'est moi
qui partirai... Montre-lui ma fille; dis-lui que je
l'aime passionnément, que cette enfant est ma
joie, mon bonheur, ma vie. Il te demandera si
parfois j'ai parlé de lui avec toi...

CLARA

Je lui dirai la vérité... Jamais.

ADÈLE

Au contraire, dis-lui : « Oui quelquefois... » Si
tu lui disais non, il croirait que je l'aime encore,
et que je crains jusqu'à son souvenir.

CLARA

Sois tranquille!... tu sais comme il m'écoutait.
Je te promets d'obtenir de lui qu'il parte sans te
revoir.

LE DOMESTIQUE, *à Clara.*

La voiture de madame est prête.

ADÈLE

C'est bien. Adieu, Clara... Cependant sois bonne
avec Antony; adoucis, par des paroles d'amitié, ce

qu'il y a d'amer dans ce que j'exige de lui... et,
s'il a pleuré, ne me le dis pas à mon retour...
Adieu...

CLARA

Tu te trompes, ce chapeau est le mien.

ADÈLE

C'est juste ! N'oublie rien de ce que je t'ai dit[1].

Elle sort.

CLARA

Oh ! non. (*À elle-même.*) Pauvre Adèle ! je savais
bien qu'elle n'était pas heureuse. Mais n'est-ce
pas à tort que cette lettre l'inquiète ? Enfin, mieux
vaut qu'elle l'évite. (*Elle va au balcon et parle à sa
sœur.*) Prends bien garde, Adèle ! ces chevaux
m'épouvantent[2]... À quelle heure rentreras-tu ?

ADÈLE, *de la rue.*

Mais peut-être pas avant le soir.

CLARA

Bien ; adieu ! (*Appelant un Domestique.*) Henri,
défendez la porte pour tout le monde, excepté
pour un étranger, M. Antony ; allez... (*Le Domestique sort.*) Quel est ce bruit ?

VOIX, *dans la rue.*

Arrêtez ! arrêtez !

CLARA, *allant à la fenêtre.*

La voiture... Ma sœur !... mon Dieu !... Oh !
oui, arrêtez, arrêtez ! Ah ! je n'y vois plus... Au

nom du ciel, arrêtez! c'est ma sœur, ma sœur!
(*Bruit et cris dans la rue. Clara jette un cri et vient
retomber sur un fauteuil.*) Oh! grâce, grâce, mon
Dieu!

LE DOMESTIQUE, *rentrant.*

Madame, ne craignez rien, les chevaux sont
arrêtés; un jeune homme s'est jeté au-devant
d'eux... Il n'y a plus de danger.

CLARA

Oh! merci, mon Dieu!

Bruit dans la rue.

PLUSIEURS VOIX

Il est tué... Non!... Si... Blessé!... Où le transporter?

ADÈLE, *dans la rue.*

Chez moi! chez moi!

CLARA

C'est la voix de ma sœur!... Il ne lui est rien
arrivé?... Mon Dieu!... mes genoux tremblent, je
ne puis marcher... Adèle!...

Elle va pour sortir.

UN DOMESTIQUE

Qu'y a-t-il, madame?

CLARA

C'est ma sœur, ma sœur! une voiture! — Ah!
c'est toi!

ADÈLE, *entrant pâle.*

Clara !… ma sœur !… sois tranquille, je ne suis
pas blessée. (*Au Domestique.*) Courez chercher un
médecin… M. Olivier Delaunay, c'est le plus voi-
sin… Ou plutôt, passez d'abord chez la vicomtesse de Lacy, il y sera peut-être… Faites déposer
le blessé en bas, dans le vestibule ; allez. (*Le
Domestique sort.*) Clara ! Clara !… sais-tu que c'est
lui… lui… Antony !

CLARA

Antony !… Dieu !…

ADÈLE

Et quel autre que lui aurait osé se jeter au-devant
de deux chevaux emportés ?

CLARA

Et comment ?

ADÈLE

Ne comprends-tu pas ? Il venait ici, le malheureux ! il aura eu le front brisé.

CLARA

Mais es-tu sûre que ce soit lui ?

ADÈLE

Oh ! si j'en suis sûre ! Et n'ai-je pas eu le temps
de le voir tandis qu'ils l'entraînaient ? n'ai-je pas
eu le temps de le reconnaître tandis qu'ils le fou-
laient aux pieds ?

CLARA

Oh !...

ADÈLE

Écoute : va près de lui, ou plutôt, envoie quelqu'un ; et, si tu doutes encore, dis qu'on m'apporte les papiers qu'il a sur lui, afin que je sache
qui il est ; car il est évanoui, vois-tu, évanoui, peut-
être mort ! Mais va donc ! va donc ! et fais-moi
donner de ses nouvelles. (*Clara sort.*)

SCÈNE III

ADÈLE, *puis* UN DOMESTIQUE

ADÈLE

De ses nouvelles ! oh ! c'est moi qui devrais en
aller chercher !... c'est moi qui devrais être là
pour lire dans les yeux du médecin sa mort ou sa
vie ! Son cœur devrait recommencer à battre sous
ma main, mes yeux devraient être les premiers
qu'il rencontrât. N'est-ce pas pour moi ?... n'est-
ce pas en me sauvant la vie ?... Oh ! mon Dieu !...
il y aurait là des étrangers, des indifférents, des
gens au cœur froid qui épieraient ! Oh ! mon
Dieu ! ne viendra-t-on pas me dire s'il est mort ou
vivant. (*À un Domestique qui entre.*) Eh bien ?

LE DOMESTIQUE, *lui remettant un portefeuille et un petit poignard.*

Pour madame.

ADÈLE

Donnez. Comment va-t-il ? a-t-il ouvert les yeux ?

LE DOMESTIQUE

Pas encore ; mais M. Delaunay vient d'arriver, il est près de lui.

ADÈLE

Bien. Vous lui direz de monter, que je sache de lui-même… Allez.

SCÈNE IV

ADÈLE, seule.

Si pourtant je m'étais trompée, si ce n'était pas lui… (*Ouvrant le portefeuille.*) Dieu ! que j'ai bien fait !… mon portrait ! Si un autre que moi avait ouvert ce portefeuille !… Mon portrait qu'il a fait de souvenir… Pauvre Antony, je ne suis plus si jolie que cela, va !… Dans ta pensée, j'étais belle,… j'étais heureuse ;… tu me retrouveras bien changée… J'ai tant souffert ! (*Continuant ses recherches.*) Une lettre de moi !… la seule que je lui aie écrite. (*Lisant.*) Je lui disais que je l'aimais… Le malheureux !… l'imprudent !… Si je la reprenais ?… C'est le seul témoignage… Il n'a qu'elle ; sans doute il l'a relue mille fois ;… c'est son bien, sa consolation… Et je la lui ravirais ! et quand, les yeux à peine rouverts,… mourant pour moi,… il portera la main à sa poitrine,… ce ne sera pas sa blessure qu'il cherchera, ce sera cette lettre : il ne la trouvera plus !… et c'est moi qui la lui aurais

soustraite! Oh! ce serait affreux!... qu'il la
garde... D'ailleurs, n'ai-je pas gardé les siennes,
moi?... Son poignard, que je m'effrayais de lui
voir porter toujours, ... j'ignorais que ce fût son
pommeau qui lui servît de cachet et de devise...
Je le reconnais bien à ces idées d'amour et de
mort constamment mêlées... Antony!... Je n'y
puis résister,... il faut que j'aille,... que je voie
moi-même... Ah! monsieur Olivier, venez, venez!
Eh bien?

SCÈNE V

ADÈLE, OLIVIER.

OLIVIER

Rassurez-vous, madame : l'accident, quoique
grave, n'est point dangereux.

ADÈLE

Dites-vous vrai?

OLIVIER

Je réponds du blessé... Vous en rapportez-vous
à ma parole?... Mais vous-même, la frayeur, le sai-
sissement...

ADÈLE

Est-il revenu à lui?

OLIVIER

Pas encore. Mais votre pâleur?...

ADÈLE

Pourquoi donc l'avez-vous quitté?...

OLIVIER

Un de mes amis est près de lui... On m'a dit
que vous désiriez avoir des nouvelles sûres... Puis
j'ai pensé que vous aviez peut-être besoin...

ADÈLE

Moi?... moi?... Il s'agit bien de moi!... Mais
qu'a-t-il enfin?... Qu'avez-vous fait?

OLIVIER

Les termes scientifiques vous effrayeront peut-
être!

ADÈLE

Oh! non, non, pourvu que je sache... Vous com-
prenez, il m'a sauvé la vie... C'est tout simple...

OLIVIER, *avec quelque étonnement.*

Oui, sans doute, madame... Eh bien, le timon,
en l'atteignant, a causé une forte contusion du
côté droit de la poitrine. La violence du coup a
amené l'évanouissement; j'ai opéré à l'instant
une saignée abondante;... et maintenant, du
repos et de la tranquillité feront le reste... Mais il
ne pouvait rester dans le vestibule, entouré de
domestiques, de curieux; j'ai donné, en votre
nom, l'ordre qu'on le transportât ici[1].

ADÈLE

Ici!... Était-il donc trop faible pour être conduit
chez lui?...

OLIVIER

Il n'y aurait eu à cela aucun inconvénient, à moins que l'appareil ne se dérangeât; mais j'ai pensé qu'une reconnaissance, que vous paraissez si bien sentir, avait besoin de lui être exprimée...

ADÈLE

Oui, certes. (*Bas.*) Et s'il allait parler, si mon nom prononcé par lui... (*Haut.*) Oui, oui, sans doute, vous avez bien fait... Mais il faut qu'il soit seul, n'est-ce pas?... tout à fait seul quand il rouvrira les yeux... Vous-même passerez dans une autre chambre, car la vue d'un étranger...

OLIVIER

Cependant...

ADÈLE

Ah! vous avez dit que la moindre émotion lui serait funeste... Vous l'avez dit, ou, du moins, je le crois, n'est-ce pas?

OLIVIER, *la regardant.*

Oui, madame,... je l'ai dit,... c'est nécessaire... Mais cette précaution n'est pas pour moi... pour moi, médecin.

ADÈLE

Le voilà... Écoutez, je vous prie... Dites qu'il a besoin d'être seul;... que c'est vous qui ordonnez que personne ne reste près de lui. (*Clara entre avec des Domestiques portant Antony.*) Déposez-le sur ce sofa... Clara, M. Olivier dit qu'il faut laisser le malade seul... que nous devons sortir tous... Vous voyez, docteur, que je donne l'exemple… Clara, tu tiendras compagnie à M. Olivier ; moi, je vais donner quelques ordres…

Adèle sort.

OLIVIER, *à Clara.*

Pardon, je m'assurais… Le pouls recommence à battre… Me voici.

Ils sortent. Antony reste seul un instant ; puis une petite porte se rouvre, et Adèle entre avec précaution.

SCÈNE VI

ANTONY, ADÈLE

ADÈLE

Il est seul enfin !… Antony !… Voilà donc comme je devais le revoir… pâle, mourant… La dernière fois que je le vis… il était aussi près de moi plein d'existence, calculant pour tous deux un même avenir… « Quinze jours d'absence, disait-il, et une réunion éternelle !… » Et, en partant, il pressait ma main sur son cœur. « Vois comme il bat, disait-il ; eh bien, c'est de joie, c'est d'espérance. » Il part, et trois ans, minute par minute, jour par jour, s'écoulent lentement, séparés… Il est là près de moi… comme il y était alors ;… c'est bien lui,… c'est bien moi ;… rien n'est changé en apparence ; seulement, son cœur bat à peine, et notre amour est un crime, Antony !…

Elle cache sa tête entre ses mains. Antony rouvre les yeux, voit une femme, la regarde fixement et rassemble ses idées.

ANTONY

Adèle?...

ADÈLE, *laissant tomber ses mains.*

Ah!

ANTONY

Adèle!

Il fait un mouvement pour se lever.

ADÈLE

Oh! restez, restez... Vous êtes blessé, et le moindre mouvement, la moindre tentative...

ANTONY

Ah! oui, je le sens; en revenant à moi, en vous retrouvant près de moi, j'ai cru vous avoir quittée hier, et vous revoir aujourd'hui. Qu'ai-je donc fait des trois ans qui se sont passés? Trois ans, et pas un souvenir!

ADÈLE

Oh! ne parlez pas.

ANTONY

Je me rappelle maintenant : je vous ai revue pâle, effrayée... J'ai entendu vos cris, une voiture, des chevaux... Je me suis jeté au-devant... Puis tout a disparu dans un nuage de sang, et j'ai espéré être tué...

ADÈLE

Vous n'êtes que peu dangereusement blessé, monsieur, et bientôt, j'espère…

ANTONY

Monsieur!… Oh! malheur à moi, car ma mémoire revient… *Monsieur!*… Eh bien, moi aussi, je dirai *madame*; je désapprendrai le nom d'Adèle pour celui d'Hervey…, Madame d'Hervey! et que le malheur d'une vie tout entière soit dans ces deux mots!…

ADÈLE

Vous avez besoin de soins, Antony, et je vais appeler.

ANTONY

Antony, c'est mon nom, à moi, … toujours le même… Mille souvenirs de bonheur sont dans ce nom… Mais madame d'Hervey!…

ADÈLE

Antony!

ANTONY

Oh! redis mon nom ainsi, encore!… et j'oublierai tout… Oh! ne t'éloigne pas, mon Dieu!… reviens, reviens, que je te revoie… Je ne vous tutoierai plus, je vous appellerai madame… Venez, venez, je vous supplie! Oui, c'est bien vous, toujours belle,… calme,… comme si, pour vous seule, la vie n'avait pas de souvenirs amers… Vous êtes donc heureuse, madame?…

ADÈLE

Oui, heureuse…

ANTONY

Moi aussi, Adèle, je suis heureux !…

ADÈLE

Vous ?…

ANTONY

Pourquoi pas ?… Douter, voilà le malheur ;
mais, lorsqu'on n'a plus rien à espérer ou à
craindre de la vie, que notre jugement est prononcé ici-bas comme celui d'un damné,… le
cœur cesse de saigner : il s'engourdit dans sa douleur ;… et le désespoir a aussi son calme, qui, vu
par les gens heureux, ressemble au bonheur… Et
puis, malheur, bonheur, désespoir, ne sont-ce pas
de vains mots, un assemblage de lettres qui représente une idée dans notre imagination, et pas
ailleurs ;… que le temps détruit et recompose
pour en former d'autres… Qui donc, en me
regardant, en me voyant vous sourire comme je
vous souris en ce moment, oserait dire : « Antony
n'est pas heureux !… »

ADÈLE

Laissez-moi…

ANTONY, *poursuivant son idée.*

Car voilà les hommes… Que j'aille au milieu
d'eux, qu'écrasé de douleurs, je tombe sur une
place publique, que je découvre à leurs yeux
béants et avides la blessure de ma poitrine et les

cicatrices de mon bras, ils diront : «Oh! le malheureux, il souffre!» car, là, pour leurs yeux vulgaires, tout sera visible, sang et blessures... Et ils s'approcheront;... et, par pitié pour une souffrance qui demain peut être la leur, ils me secourront... Mais que, trahi dans mes espérances les plus divines,... blasphémant Dieu, l'âme déchirée et le cœur saignant, j'aille me rouler au milieu de leur foule, en leur disant : «Oh! mes amis, pitié pour moi, pitié! je souffre bien!... je suis bien malheureux!...» ils diront : «C'est un fou, un insensé!» et ils passeront en riant[1]...

ADÈLE, *essayant de dégager sa main*

Permettez...

ANTONY

Et c'est pour cela que Dieu a voulu que l'homme ne pût pas cacher le sang de son corps sous ses vêtements, mais a permis qu'il cachât les blessures de son âme sous un sourire. (*Lui écartant les mains.*) Regarde-moi en face, Adèle... Nous sommes heureux, n'est-ce pas?

ADÈLE

Oh! calmez-vous; agité comme vous l'êtes, comment vous transporter chez vous?

ANTONY

Chez moi, me transporter?... Vous allez donc...? Ah! oui, je comprends...

ADÈLE

Vous ne pouvez rester ici dès lors que votre état

n'offre plus aucune inquiétude; tous mes amis qui vous connaissent savent que vous m'avez aimée;... et pour moi-même...

ANTONY

Oh! dites pour le monde,... madame!... Il faudrait donc que je fusse mourant pour que je restasse ici... Ce serait dans les convulsions de l'agonie seulement que ma main pourrait serrer la vôtre. Ah! mon Dieu! Adèle, Adèle!

ADÈLE

Oh! non; si le moindre danger existait, si le médecin n'avait pas répondu de vous, oui, je risquerais ma réputation, qui n'est plus à moi, pour vous garder... J'aurais une excuse aux yeux de ce monde... Mais...

ANTONY, *déchirant l'appareil*
de sa blessure et de sa saignée.

Une excuse, ne faut-il que cela?

ADÈLE

Dieu! oh! le malheureux! il a déchiré l'appareil... Du sang! mon Dieu! du sang! (*Elle sonne.*) Au secours!... Ce sang ne s'arrêtera-t-il pas?... Il pâlit!... ses yeux se ferment.

ANTONY, *retombant presque évanoui*
sur le sofa.

Et maintenant, je resterai, n'est-ce pas[1]?...

ACTE DEUXIÈME

Même appartement qu'au premier acte.

SCÈNE PREMIÈRE

ADÈLE, *la tête appuyée sur ses deux mains;*
CLARA, *entrant.*

CLARA

Adèle!…

ADÈLE

Eh bien?

CLARA

Je quitte Antony.

ADÈLE

Antony! toujours Antony!… Eh bien, que me veut-il?

CLARA

Il va s'en aller aujourd'hui.

ADÈLE

Il est tout à fait rétabli?

CLARA

Oui ; mais il est si triste…

ADÈLE

Mon Dieu !

CLARA

Tu as été bien cruelle envers lui. Depuis cinq jours qu'il t'a sauvée, à peine si tu l'as revu, et toujours devant M. Olivier… Tu as peut-être raison. Oui, c'est un devoir que t'imposent les titres d'épouse et de mère… Mais, Adèle, ce malheureux souffre tant !… il a droit de se plaindre. Un étranger eût obtenu de toi plus d'égards, plus de soins… Ne crains-tu pas que tant de réserve ne lui fasse soupçonner que c'est pour toi-même que tu crains de le revoir ?

ADÈLE

Le revoir ! oh ! mon Dieu ! où est donc la nécessité de le revoir ? Oh ! vous me perdrez tous deux ; et alors, toi aussi, tu me diras comme les autres : « Pourquoi l'as-tu revu ?… » Clara, toi qui es heureuse près d'un mari qui t'aime et que tu as épousé d'amour, toi qui craignais de le quitter quinze jours pour les venir passer près de moi, je conçois que mes craintes te paraissent exagérées… Mais moi, seule avec ma fille, isolée avec mes souvenirs, parmi lesquels il en est un qui me poursuit comme un spectre… Oh ! tu ne sais pas ce que c'est que d'avoir aimé et de n'être pas à l'homme qu'on aimait !… Je le retrouve partout au milieu du monde… Je le vois là, triste, pâle, regardant le bal. Je fuis cette vision, et j'entends à

mon oreille une voix qui bourdonne... C'est la
sienne. Je rentre, et, jusqu'auprès du berceau
de ma fille... mon cœur bondit et se serre... et
je tremble de me retourner et de le voir...
Cependant, oui, en face de Dieu, je n'ai à me
reprocher que ce souvenir... Eh bien, il y a
quelques jours encore, voilà ce qu'était ma vie...
Je le redoutais absent; maintenant qu'il est là,
que ce ne sera plus une vision, que ce sera bien
lui que je verrai, que ce sera sa voix que j'enten-
drai... Oh! Clara, sauve-moi! dans tes bras, il
n'osera pas me prendre... S'il est permis à notre
mauvais ange de se rendre visible, Antony est le
mien.

CLARA

Écoute, et toutes tes craintes cesseront bientôt.
Il quitte Paris; seulement, je te le répète, il veut te
revoir, auparavant, te confier un secret duquel
dépend son repos, son honneur... Puis il s'éloi-
gnera pour toujours, il l'a juré sur sa parole...

ADÈLE

Eh bien, non! non! ce n'est pas lui qui doit
partir, c'est moi... Ma place, à moi, est près de
mon mari : c'est lui qui est mon défenseur et mon
maître;... il me protégera, même contre moi;
j'irai me jeter à ses pieds, dans ses bras... Je lui
dirai : «Un homme m'a aimée avant que je fusse
à toi;... il me poursuit... Je ne m'appartiens plus,
je suis ton bien, je ne suis qu'une femme; peut-
être seule n'aurais-je pas eu de force contre la
séduction... Me voilà, ami, défends-moi! défends-
moi!»

CLARA

Adèle, réfléchis. Que dira ton mari? comprendra-t-il ces craintes exagérées?… Que risques-tu de rester encore quelque temps?… Eh bien, alors…

ADÈLE

Et, si alors le courage de partir me manque; si, quand j'appellerai la force à mon aide, je ne trouve plus dans mon cœur que de l'amour,… la passion et ses sophismes éteindront un reste de raison, et puis… Oh! non, ma résolution est prise; c'est la seule qui puisse me sauver… Clara, prépare tout pour ce départ.

CLARA

Eh bien, laisse-moi t'accompagner; je ne veux pas que tu partes seule.

ADÈLE

Non, non, je te laisse ma fille; la route est longue et fatigante; je ne dois pas exposer cette enfant; reste près d'elle. Il est neuf heures et demie : qu'à onze heures ma voiture soit prête; surtout le plus grand secret… Oui, je le recevrai, maintenant, je ne le crains plus… Ma sœur, mon amie, je me confie à toi; tu auras aidé à me sauver… Oh! dis-moi donc que j'ai raison.

CLARA

Je ferai ce que tu voudras.

ADÈLE

Bien… Laisse-moi seule à présent… Rentre à onze heures… Je saurai, en te voyant, que tout est prêt, et tu n'auras besoin de me rien dire : pas un signe, pas un mot qui puisse lui faire soupçonner... Oh ! tu ne le connais pas !

CLARA

Tout sera prêt.

ADÈLE

À onze heures ?

CLARA

À onze heures.

ADÈLE

Je ne te demande plus maintenant que le temps d'écrire quelques lignes.

SCÈNE II

ADÈLE, *seule, écrivant.*

« Monsieur, l'opiniâtreté que vous mettez à me poursuivre, quand tout me fait un devoir de vous éviter, me force à quitter Paris... Je m'éloigne, emportant pour vous les seuls sentiments que le temps et l'absence ne peuvent altérer, ceux d'une véritable amitié.

» ADÈLE D'HERVEY. »

Oh ! mon Dieu ! que ce soit le dernier sacrifice ; j'ai encore assez de force... mais qui sait ?..

UN DOMESTIQUE

M. Antony.

ADÈLE, *cachetant la lettre.*

Un instant… Bien ! faites entrer…

SCÈNE III

ADÈLE, ANTONY.

ADÈLE

Vous avez désiré me voir avant de vous éloigner. Malgré le besoin que j'éprouvais de vous exprimer ma reconnaissance, j'ai hésité quelque temps à recevoir M. Antony… Vous avez insisté, et je n'ai pas cru devoir refuser une si légère faveur à l'homme sans lequel je n'aurais jamais revu peut-être ni ma fille ni mon mari.

ANTONY

Oui, madame, je sais que c'est pour eux seuls que je vous ai conservée[1]… Quant à cette reconnaissance que vous éprouvez, dites-vous, le besoin de m'exprimer, ce que j'ai fait en mérite-t-il la peine ? Un autre, le premier venu, l'eût fait à ma place… Et, s'il ne s'était rencontré personne sur votre route, le cocher eût arrêté les chevaux, ou ils se seraient calmés d'eux-mêmes… Le timon eût donné dans un mur tout aussi bien que dans ma poitrine, et le même effet était produit… Qu'importent donc les causes !… c'est le hasard, le hasard seul dont vous devez vous plaindre, et qu'il faut que je remercie.

ADÈLE

Le hasard !… Et pourquoi m'ôter le seul sentiment que je puisse avoir pour vous ? Est-ce généreux ?… Je vous le demande !

ANTONY

Ah ! c'est que le hasard semble, jusqu'à présent,
avoir seul régi ma destinée… Si vous saviez combien les événements les plus importants de ma vie
ont eu des causes futiles !… Un jeune homme,
que je n'ai pas revu deux fois depuis, peut-être,
me conduisit chez votre père… J'y allai, je ne sais
pourquoi, comme on va partout. Ce jeune homme,
je l'avais rencontré au bois de Boulogne ; nous
nous croisions sans nous parler ; un ami commun
passe et nous fait faire connaissance. Eh bien,
cet ami pouvait ne point passer, ou mon cheval
prendre une autre allée, et je ne le rencontrais
pas, il ne me conduisait pas chez votre père, les
événements qui depuis trois ans ont tourmenté
ma vie faisaient place à d'autres ; je ne venais pas,
il y a cinq jours, pour vous voir, je n'arrêtais pas
vos chevaux, et, dans ce moment, ne m'ayant
jamais connu, vous ne seriez pas obligée d'avoir
pour moi un seul sentiment, celui de la reconnaissance. Si vous ne la nommez pas hasard, comment
donc appellerez-vous cette suite d'infiniment petits
événements qui, réunis, composent une vie de
douleur ou de joie, et qui, isolés, ne valent ni une
larme ni un sourire ?

ADÈLE

Mais n'admettez-vous pas, Antony, qu'il existe
des prévisions de l'âme, des pressentiments ?

ANTONY

Des pressentiments!... Et ne vous est-il jamais
arrivé d'apprendre tout à coup la mort d'une personne aimée, et de vous dire : «Que faisais-je au
moment où cette partie de mon âme est morte?...
Ah! je m'habillais pour un bal, ou je riais au
milieu d'une fête.»

ADÈLE

Oui, c'est affreux à penser... Aussi l'homme
n'a-t-il pas eu le sentiment de cette faiblesse, lorsqu'en prenant congé d'un ami, il créa pour la
première fois le mot *adieu*. N'a-t-il pas voulu dire
à la personne aimée : «Je ne suis plus là pour
veiller sur toi ; mais je te recommande à Dieu, qui
veille sur tous!» Voilà ce que j'éprouve chaque
fois que je prononce ce mot en me séparant d'un
ami ; voilà les mille pensées qu'il éveille en moi.
Direz-vous aussi qu'il a été créé par le hasard?

ANTONY

Eh bien, puisqu'un mot, un seul mot éveille en
vous tant de pensées différentes, ... lorsque vous
entendiez autrefois prononcer le nom d'Antony...
mon nom... au milieu des noms nobles, distin-
gués, connus, ce nom isolé d'Antony n'éveillait-il
pas pour celui qui le portait une idée d'isole-
ment? ne vous êtes-vous point dit quelquefois que
ce ne pouvait être le nom de mon père, celui
de ma famille? n'avez-vous pas désiré savoir quelle
était ma famille, quel était mon père?

ADÈLE

Jamais... Je croyais votre père mort pendant

votre enfance, et je vous plaignais. Je n'avais connu de votre famille que vous ; toute votre famille pour moi était donc en vous... Vous étiez là... Je vous appelais Antony, vous me répondiez ; qu'avais-je besoin de vous chercher d'autres noms ?

ANTONY

Et, lorsqu'en jetant les yeux sur la société, vous voyez chaque homme s'appuyer, pour vivre, sur une industrie quelconque, et donner pour avoir le droit de recevoir, vous êtes-vous demandé pourquoi, seul, au milieu de tous, je n'avais ni rang qui me dispensât d'un état, ni état qui me dispensât d'un rang ?

ADÈLE

Jamais... Vous me paraissiez né pour tous les rangs, appelé à remplir tous les états ; je n'osais rien spécialiser à l'homme qui me paraissait capable de parvenir à tout.

ANTONY

Eh bien, madame, le hasard, avant ma naissance, avant que je pusse rien pour ou contre moi, avait détruit la possibilité que cela fût ; et, depuis le jour où je me suis connu, tout ce qui eût été pour un autre positif et réalité n'a été pour moi que rêve et déception. N'ayant point un monde à moi, j'ai été obligé de m'en créer un ; il me faut, à moi, d'autres douleurs, d'autres plaisirs, et peut-être d'autres crimes !

ADÈLE

Et pourquoi donc ? pourquoi cela ?

ANTONY

Pourquoi cela!... vous voulez le savoir?... Et si
ensuite, comme les autres, vous alliez... Oh! non,
non! vous êtes bonne... Adèle, oh!

ADÈLE

On sonne... Silence!... une visite... Ne vous en
allez pas; demain, peut-être, il serait trop tard...

ANTONY

Oh! malédiction sur le monde qui vient me
chercher jusqu'ici!...

UN DOMESTIQUE, *entrant.*

Madame la vicomtesse de Lacy... M. Olivier
Delaunay...

ADÈLE

Oh! calmez-vous par grâce!... qu'ils ne s'aper-
çoivent de rien.

ANTONY

Me calmer?... Je suis calme... Ah! c'est la
vicomtesse et le docteur... Eh! de quoi voulez-
vous que je leur parle? des modes nouvelles? de
la pièce qui fait fureur? Eh bien, mais tout cela
m'intéresse beaucoup.

SCÈNE IV

LES MÊMES, LA VICOMTESSE DE LACY, OLIVIER.

LA VICOMTESSE

Bonjour, chère amie… J'apprends par M. Olivier qu'à compter d'aujourd'hui vous recevez, et j'accours… Mais savez-vous que j'en frémis encore ?… Vous avez couru un véritable danger…

ADÈLE

Oh ! oui, et sans le courage de M. Antony…

LA VICOMTESSE

Ah ! voilà votre sauveur ?… Vous vous rappelez, monsieur, que nous sommes d'anciennes connaissances… J'ai eu le plaisir de vous voir chez Adèle avant son mariage ; ainsi, à ce double titre, recevez l'expression de ma reconnaissance bien sincère. (*Elle tend la main à Antony.*) Voyez donc, docteur, monsieur est tout à fait bien, un peu pâle encore ; mais le mouvement du pouls est bon. Savez-vous que vous avez fait là une cure dont je suis presque jalouse ?

ADÈLE

Aussi monsieur me faisait-il sa visite d'adieu.

LA VICOMTESSE

Vous continuez vos voyages ?

ANTONY

Oui, madame.

LA VICOMTESSE

Et où allez-vous?...

ANTONY

Oh! je n'en sais encore rien moi-même... Dieu me garde d'avoir une idée arrêtée! j'aime trop, quand cela m'est possible, charger le hasard du soin de penser pour moi; une futilité me décide, un caprice me conduit, et, pourvu que je change de lieu, que je voie de nouveaux visages, que la rapidité de ma course me débarrasse de la fatigue d'aimer ou de haïr, qu'aucun cœur ne se réjouisse quand j'arrive, qu'aucun lien ne se brise quand je pars, il est probable que j'arriverai comme les autres, après un certain nombre de pas, au terme d'un voyage dont j'ignore le but, sans avoir deviné si la vie est une plaisanterie bouffonne ou une création sublime...

OLIVIER

Mais que dit votre famille de ces courses continuelles?

ANTONY

Ma famille?... c'est vrai... Elle s'y est habituée. (*À Adèle.*) N'est-ce pas, madame? vous qui connaissez ma famille...

LA VICOMTESSE, *à demi-voix.*

Mais vraiment, Adèle, j'espère bien que ce n'est pas vous qui exigez qu'il parte; les traitements pathologiques laissent toujours une grande faiblesse, et ce serait l'exposer beaucoup. Oh! c'est qu'il m'est revenu des choses prodigieuses... On m'a dit que vous n'aviez pas voulu le recevoir pendant tout le temps de sa convalescence, parce qu'il vous avait aimée autrefois[1].

ADÈLE

Oh ! silence !

LA VICOMTESSE

Ne craignez rien, ils sont à cent lieues de la conversation, ils parlent littérature : moi, je déteste la littérature.

ADÈLE, *essayant de parler avec gaieté.*

Mais que je vous gronde aussi !… je vous ai vue passer aujourd'hui sous mes fenêtres, et vous n'êtes pas entrée.

LA VICOMTESSE

J'étais trop pressée ; en ma qualité de dame de charité, j'allais visiter l'hospice des Enfants-Trouvés[2]… Eh ! mais, au fait, j'aurais dû vous prendre ; cela vous aurait distraite un instant…

ANTONY

Et moi, j'aurais demandé la permission de vous accompagner ; j'aurais été bien aise d'étudier l'effet que produit sur des étrangers la vue de ces malheureux.

LA VICOMTESSE

Oh ! cela fait bien peine !… mais ensuite on a le plus grand soin d'eux, ils sont traités comme d'autres enfants…

ANTONY

C'est bien généreux à ceux qui en prennent soin.

ADÈLE

Comment y a-t-il des mères qui peuvent…?

ANTONY

Il y en a, cependant; je le sais, moi.

ADÈLE

Vous?

LA VICOMTESSE

Puis, de temps en temps, des gens riches, qui n'ont pas d'enfants, vont en choisir un là… et le prennent pour eux.

ANTONY

Oui, c'est un bazar comme un autre.

ADÈLE, *avec expression.*

Oh! si je n'avais pas eu d'enfants,… j'aurais voulu adopter un de ces orphelins…

ANTONY

Orphelins!… que vous êtes bonne!…

LA VICOMTESSE

Eh bien, vous auriez eu tort : là, ils passent leur vie avec des gens de leur espèce…

ADÈLE

Oh! ne me parlez pas de ces malheureux, cela me fait mal...

ANTONY

Eh! que vous importe, madame!... (*À la Vicomtesse.*) Parlez-en, au contraire. (*Changeant d'expression.*) Vous disiez donc qu'ils étaient là avec des gens de leur espèce, et que madame aurait eu tort?...

LA VICOMTESSE

Sans doute! l'adoption n'aurait pas fait oublier la véritable naissance; et, malgré l'éducation que vous lui auriez donnée, si c'eût été un homme, quelle place pouvait-il occuper?

ANTONY

En effet, à quoi peut parvenir?...

LA VICOMTESSE

Si c'est une femme, comment la marier?

ANTONY

Sans doute, qui voudrait épouser une orpheline?... Moi... peut-être, parce que je suis au-dessus des préjugés... Ainsi, vous le voyez, l'anathème est prononcé... Il faut que le malheureux reste malheureux; pour lui, Dieu n'a pas de regard, et les hommes de pitié... Sans nom!... Savez-vous ce que c'est que d'être sans nom?... Vous lui auriez donné le vôtre? Eh bien, le vôtre, tout honorable qu'il est, ne lui aurait pas tenu lieu de père... et, en l'enlevant à son obscurité et à sa misère, vous n'auriez pu lui rendre ce que vous lui ôtiez.

ADÈLE

Ah! si je connaissais un malheureux qui fût ainsi, je voudrais, par tous les égards, toutes les prévenances, lui faire oublier ce que sa position a de pénible!… car maintenant, oh! maintenant, je la comprendrais!

LA VICOMTESSE

Oh! et moi aussi.

ANTONY

Vous aussi, madame?… Et si un de ces malheureux était assez hardi pour vous aimer?…

ADÈLE

Oh! si j'avais été libre!…

ANTONY

Ce n'est pas à vous, c'est à madame…

LA VICOMTESSE

Il comprendrait, je l'espère, que sa position…

ANTONY

Mais s'il l'oubliait enfin?…

LA VICOMTESSE

Quelle est la femme qui consentirait à aimer…?

ANTONY

Ainsi, dans cette situation, il reste… le suicide?

LA VICOMTESSE

Mais qu'avez-vous donc?... Vous êtes tout bizarre.

ANTONY

Moi? Rien... J'ai la fièvre...

LA VICOMTESSE

Allons, allons, n'allez-vous pas retomber dans vos accès de misanthropie!... Oh! je n'ai pas oublié votre haine pour les hommes...

ANTONY

Eh bien, madame, je me corrige. Je les haïssais, dites-vous?... Je les ai beaucoup vus depuis, et je ne fais plus que les mépriser; et, pour me servir d'un terme familier à la profession que vous affectionnez maintenant, c'est une maladie aiguë qui est devenue chronique.

ADÈLE

Mais, avec ces idées, vous ne croyez donc ni à l'amitié, ni...?

Elle s'arrête.

LA VICOMTESSE

Eh bien, ni à l'amour.

ANTONY, *à la Vicomtesse.*

À l'amour, oui; à l'amitié, non... C'est un sentiment bâtard dont la nature n'a pas besoin, une convention de la société que le cœur a adoptée par égoisme, où l'âme est constamment lésée par l'esprit, et que peut détruire du premier coup le regard d'une femme ou le sourire d'un prince.

ADÈLE

Oh ! vous croyez ?

ANTONY

Sans doute ! l'ambition et l'amour sont des passions... L'amitié n'est qu'un sentiment...

LA VICOMTESSE

Et, avec ces principes-là, combien de fois avez-vous aimé ?...

ANTONY

Demandez à un cadavre combien de fois il a vécu...

LA VICOMTESSE

Allons, je vois bien que je suis indiscrète... Quand vous me connaîtrez davantage, vous me ferez vos confidences... Je donne de temps en temps quelques soirées, mes flatteurs les disent jolies... Si vous restez, le docteur vous amènera chez moi, ou plutôt, présentez-vous vous-même... Je n'ai pas besoin de vous dire que si votre mère ou votre sœur sont à Paris, ce sera avec le même plaisir que je les recevrai... Adieu, chère Adèle... Docteur, voulez-vous descendre, que je n'attende pas ?... (*À Adèle.*) Eh bien, il est mieux que lorsque je l'ai connu,... beaucoup plus gai !... Il doit vous amuser prodigieusement. Adieu, adieu.

> *Elle fait un dernier signe de la main à Antony et sort.*

ANTONY, *après lui avoir rendu
son salut, à part.*

Malheur!...

SCÈNE V

ADÈLE, ANTONY

ADÈLE, *revenant.*

Antony!

ANTONY

Voulez-vous que je vous dise mon secret, maintenant?...

ADÈLE

Oh! je le sais, je le sais maintenant... Que cette
femme m'a fait souffrir!

ANTONY

Souffrir, bah!... c'est folie; tout cela n'est que
préjugés; et puis je commence à me trouver bien
ridicule.

ADÈLE

Vous?

ANTONY

Certes! quand je pourrais vivre avec des gens
de mon espèce, avoir eu l'impudence de croire
qu'avec une âme qui sent, une tête qui pense, un
cœur qui bat, ... on avait tout ce qu'il fallait pour

réclamer sa place d'homme dans la société, son
rang social dans le monde… Vanité[1]!…

ADÈLE

Oh! je comprends maintenant tout ce qui
m'était demeuré obscur;… votre caractère
sombre, que je croyais fantasque;… tout, tout…
même votre départ, dont je ne me rendais pas
compte! Pauvre Antony!

ANTONY, *abattu.*

Oui, pauvre Antony! car qui vous dira, qui
pourra peindre ce que je souffris lorsque je fus
obligé de vous quitter? J'avais perdu mon malheur
dans votre amour : les jours, les mois s'envolaient
comme des instants, comme des songes; j'oubliais
tout près de vous… Un homme vint, et me fit souvenir de tout… Il vous offrit un rang, un nom
dans le monde… et me rappela, à moi, que je
n'avais ni rang ni nom à offrir à celle à qui j'aurais
offert mon sang.

ADÈLE

Et pourquoi… pourquoi alors ne dîtes-vous pas
cela?… (*Elle regarde la pendule.*) Dix heures et
demie; le malheureux!… le malheureux!…

ANTONY

Dire cela!… oui, peut-être vous qui, à cette
époque, croyiez m'aimer, auriez-vous oublié un
instant qui j'étais pour vous en souvenir plus
tard… Mais à vos parents il fallait un nom… et
quelle probabilité qu'ils préférassent à l'honorable
baron d'Hervey le pauvre Antony!… C'est alors

que je vous demandai quinze jours; un dernier espoir me restait. Il existe un homme chargé, je ne sais par qui, de me jeter tous les ans de quoi vivre un an; je courus le trouver, je me jetai à ses pieds, des cris à la bouche, des larmes dans les yeux; je l'adjurai par tout ce qu'il avait de plus sacré, Dieu, son âme, sa mère... il avait une mère, lui! de me dire ce qu'étaient mes parents, ce que je pouvais attendre ou espérer d'eux! Malédiction sur lui! et que sa mère meure! je n'en pus rien tirer... Je le quittai, je partis comme un fou, comme un désespéré, prêt à demander à chaque femme: « N'êtes-vous pas ma mère?... »

ADÈLE

Mon ami!

ANTONY

Les autres hommes, du moins, lorsqu'un événement brise leurs espérances, ils ont un frère, un père, une mère!... des bras qui s'ouvrent pour qu'ils viennent y gémir. Moi! moi! je n'ai pas même la pierre d'un tombeau où je puisse lire un nom et pleurer.

ADÈLE

Calmez-vous, au nom du ciel! calmez-vous!

ANTONY

Les autres hommes ont une patrie; moi seul, je n'en ai pas!... car qu'est-ce que la patrie? Le lieu où l'on est né, la famille qu'on y laisse, les amis qu'on y regrette... Moi, je ne sais pas même où j'ai ouvert les yeux... Je n'ai point de famille, je n'ai point de patrie, tout pour moi était dans un nom ; ce nom, c'était le vôtre, et vous me défendez de le prononcer.

ADÈLE

Antony, le monde a ses lois, la société ses exigences ; qu'elles soient des devoirs ou des préjugés, les hommes les ont faites telles, et, eussé-je le désir de m'y soustraire, il faudrait encore que je les acceptasse.

ANTONY

Et pourquoi les accepterais-je, moi ?... Pas un de ceux qui les ont faites ne peut se vanter de m'avoir épargné une peine ou rendu un service ; non, grâce au ciel, je n'ai reçu d'eux qu'injustice, et ne leur dois que haine... Je me détesterais du jour où un homme me forcerait à l'aimer... Ceux à qui j'ai confié mon secret ont renversé sur mon front la faute de ma mère... Pauvre mère !... Ils ont dit : « Malheur à toi qui n'as pas de parents !... » Ceux à qui je l'ai caché ont calomnié ma vie... Ils ont dit : « Honte à toi qui ne peux pas avouer à la face de la société d'où te vient ta fortune !... » Ces deux mots, honte et malheur, se sont attachés à moi comme deux mauvais génies... J'ai voulu forcer les préjugés à céder devant l'éducation... Arts, langues, science, j'ai tout étudié, tout appris... Insensé que j'étais d'élargir mon cœur pour que le désespoir pût y tenir ! Dons naturels ou sciences acquises, tout s'effaça devant la tache de ma naissance : les carrières ouvertes aux hommes les plus médiocres se fermèrent devant moi ; il fallait dire mon nom, et

je n'avais pas de nom. Oh! que ne suis-je pas né
pauvre et resté ignorant! perdu dans le peuple, je
n'y aurais pas été poursuivi par les préjugés; plus
ils se rapprochent de la terre, plus ils diminuent,
jusqu'à ce que, trois pieds au-dessous, ils dispa-
raissent tout à fait.

ADÈLE

Oui, oui, je comprends... Oh! plaignez-vous!
plaignez-vous!... car ce n'est qu'avec moi que
vous pouvez vous plaindre!

ANTONY

Je vous vis, je vous aimai; le rêve de l'amour
succéda à celui de l'ambition et de la science; je
me cramponnai à la vie, je me jetai dans l'avenir,
pressé que j'étais d'oublier le passé... Je fus heureux... quelques jours... les seuls de ma vie!...
Merci, ange! car c'est à vous que je dois cet éclair
de bonheur, que je n'eusse pas connu sans vous...
C'est alors que le colonel d'Hervey... Malédiction!... Oh! si vous saviez combien le malheur
rend méchant! combien de fois, en pensant à cet
homme, je me suis endormi la main sur mon poignard!... et j'ai rêvé de Grève et d'échafaud!

ADÈLE

Antony!... vous me faites frémir...

ANTONY

Je partis, je revins; il y a trois ans entre ces deux
mots... Ces trois ans se sont passés je ne sais où
ni comment; je ne serais pas même sûr de les
avoir vécus, si je n'avais le souvenir d'une douleur

vague et continue... Je ne craignais plus les
injures ni les injustices des hommes;... je ne sen-
tais plus qu'au cœur, et il était tout entier à
vous... Je me disais : « Je la reverrai... Il est impossible qu'elle m'ait oublié... je lui avouerai mon
secret... et peut-être qu'alors elle me méprisera,
me haïra. »

ADÈLE

Antony, oh! comment l'avez-vous pu penser?

ANTONY

Et moi, à mon tour, moi, je la haïrai aussi comme
les autres;... ou bien, lorsqu'elle saura ce que j'ai
souffert, ce que je souffre,... peut-être elle me
permettra de rester près d'elle... de vivre dans la
même ville qu'elle!

ADÈLE

Impossible.

ANTONY

Oh! il me faut pourtant haine ou amour,
Adèle! je veux l'un ou l'autre... J'ai cru un instant que je pourrais repartir; insensé!... je vous
le dirais, qu'il ne faudrait pas le croire; Adèle, je
vous aime, entendez-vous?... Si vous vouliez un
amour ordinaire, il fallait vous faire aimer par
un homme heureux!... Devoirs et vertu!... vains
mots!... Un meurtre peut vous rendre veuve... Je
puis le prendre sur moi, ce meurtre; que mon
sang coule sous ma main ou sous celle du bour-
reau, peu m'importe!... il ne rejaillira sur personne et ne tachera que le pavé... Ah! vous avez

cru que vous pouviez m'aimer, me le dire, me
montrer le ciel... et puis tout briser avec quelques
paroles dites par un prêtre... Partez, fuyez, restez,
vous êtes à moi, Adèle!... à moi, entendez-vous?
je vous veux, je vous aurai... Il y a un crime entre
vous et moi?... Soit, je le commettrai... Adèle,
Adèle! je le jure par ce Dieu que je blasphème!
par ma mère, que je ne connais pas!...

ADÈLE

Calmez-vous, malheureux!... vous me menacez!... vous menacez une femme...

ANTONY, *se jetant à ses pieds.*

Ah! ah!... grâce, grâce, pitié, secours!... Sais-je
ce que je dis? Ma tête est perdue, mes paroles
sont de vains mots qui n'ont pas de sens... Oh!
je suis si malheureux!... que je pleure... que je
pleure comme une femme... Oh! riez, riez!... un
homme qui pleure, n'est-ce pas?... J'en ris moi-
même... ah! ah!

ADÈLE

Vous êtes insensé et vous me rendez folle.

ANTONY

Adèle! Adèle!...

ADÈLE

Oh! regarde cette pendule; elle va sonner onze
heures.

ANTONY

Qu'elle sonne un de mes jours à chacune de ses minutes, et que je les passe près de vous...

ADÈLE

Oh! grâce! grâce! à mon tour, Antony... Je n'ai plus de courage.

ANTONY

Un mot, un mot, un seul!... et je serai votre esclave, j'obéirai à votre geste, dût-il me chasser pour toujours... Un mot, Adèle; des années se sont passées dans l'espoir de ce mot!... si vous ne laissez pas en ce moment tomber de votre cœur cette parole d'amour, ... quand vous reverrai-je, quand serai-je aussi malheureux que je le suis?... Oh! si vous n'avez pas amour de moi, ayez pitié de moi!

ADÈLE

Antony! Antony!

ANTONY

Ferme les yeux, oublie les trois ans qui se sont passés, ne te souviens que de ces moments de bonheur où j'étais près de toi, où je te disais : «Adèle!... mon ange!... ma vie! encore un mot d'amour!...» et où tu me répondais : «Antony!... mon Antony!... oui, oui!»

ADÈLE, *égarée.*

Antony! mon Antony, oui, oui, je t'aime...

ANTONY

Oh! elle est à moi!... je l'ai reprise; je suis heureux.

Onze heures sonnent.

ADÈLE

Heureux!... pauvre insensé!... Onze heures!... onze heures, et Clara qui vient!... il faut nous quitter...

SCÈNE VI

LES MÊMES, CLARA

ANTONY

Oh! dans ce moment, j'aime mieux vous quitter que de vous voir devant quelqu'un.

ADÈLE

Sois la bienvenue, Clara.

ANTONY

Oh! je m'en vais!... Merci... J'emporte là du bonheur pour une éternité... Adieu, Clara... ma bonne Clara!... Adieu, madame. (*Bas.*) Quand vous reverrai-je?

ADÈLE

Le sais-je!...

ANTONY

Demain, n'est-ce pas?... Oh, que c'est loin, demain!...

ADÈLE

Oui, demain... bientôt... plus tard.

ANTONY

Toujours... adieu...

Antony sort.

ADÈLE, *le suivant des yeux et courant à la porte.*

Antony...

SCÈNE VII

ADÈLE, CLARA

CLARA

Que fais-tu? Du courage, du courage!

ADÈLE

Oh! j'en ai, ou plutôt, j'en ai eu; car il s'est usé dans mes dernières paroles. Oh! si tu savais comme il m'aime, l'insensé!

CLARA

As-tu préparé une lettre pour lui?

ADÈLE

Une lettre? Oui, la voici.

CLARA

Donne.

ADÈLE

Qu'elle est froide, cette lettre!... qu'elle est cruellement froide! Il m'accusera de fausseté. Eh! le monde ne veut-il pas que je sois fausse? C'est ce que la société appelle devoir, vertu. Elle est parfaite, cette lettre. Tu la lui remettras...

CLARA

Viens, viens, tout est prêt; le domestique qui doit t'accompagner t'attend.

ADÈLE

Bien. Par où faut-il que j'aille?... Conduis-moi; tu vois bien que je suis prête à tomber, que je n'ai pas de forces, que je n'y vois plus.

Elle tombe sur une chaise.

CLARA

Oh! ma sœur! songe à ton mari.

ADÈLE

Je ne puis songer qu'à *lui*.

CLARA

Songe à ta fille.

ADÈLE

Ah! oui, ma fille!

Elle entre dans le cabinet.

CLARA

Embrasse-la, pense à elle ; et maintenant, maintenant, pars.

ADÈLE, *se jetant dans les bras de Clara.*

Oh ! Clara, Clara ! que tu dois me mépriser !...
Ne me reconduis pas ; je te parlerais encore de
lui... Adieu, adieu ; prends soin de ma fille.

CLARA

Le ciel te garde !

ACTE TROISIÈME

*Une auberge à Ittenheim, à deux lieues
en deçà de Strasbourg[1].*

SCÈNE PREMIÈRE

ANTONY, LOUIS, L'HÔTESSE.

*Antony entre couvert de poussière et suivi
de son Domestique.*

ANTONY, *appelant.*

La maîtresse de l'auberge ?

L'HÔTESSE, *sortant de la pièce voisine.*

Voilà, monsieur.

ANTONY

Vous êtes la maîtresse de cette auberge ?

L'HÔTESSE

Oui, monsieur.

ANTONY

Bien… Où sommes-nous?… le nom de ce village?

L'HÔTESSE

Ittenheim.

ANTONY

Combien de lieues d'ici à Strasbourg?

L'HÔTESSE

Deux[1].

ANTONY

Il ne reste, par conséquent, qu'une poste d'ici à la ville?

L'HÔTESSE

Oui, monsieur.

ANTONY, *à part.*

Il était temps. (*Haut.*) Combien de voitures ont relayé chez vous aujourd'hui?

L'HÔTESSE

Deux seulement.

ANTONY

Quels étaient les voyageurs?

L'HÔTESSE

Dans la première, un homme âgé avec sa famille.

ANTONY

Dans l'autre?

L'HÔTESSE

Un jeune homme avec sa femme ou sa sœur.

ANTONY

C'est tout?

L'HÔTESSE

Oui, tout.

ANTONY, *à lui-même.*

Alors, c'est bien elle que j'ai rejointe et dépassée à deux lieues de ce village, en sortant de Vasselonne[1]... Dans une demi-heure ou trois quarts d'heure, elle sera ici; c'est bon.

L'HÔTESSE

Monsieur repart-il?

ANTONY

Non, je reste. Combien y a-t-il maintenant de chevaux de poste dans votre écurie?

L'HÔTESSE

Quatre.

ANTONY

Et, quand vous en manquez, est-il possible de s'en procurer dans ce village?

L'HÔTESSE

Non, monsieur.

ANTONY

J'ai aperçu sous la remise, en entrant, une vieille berline ; est-elle à vous ?

L'HÔTESSE

Un voyageur nous a chargés de la vendre.

ANTONY

Combien ?

L'HÔTESSE

Mais…

ANTONY

Faites vite, je n'ai pas le temps.

L'HÔTESSE

Vingt louis.

ANTONY

Les voici ; rien n'y manque ?

L'HÔTESSE

Non.

ANTONY

Combien de chambres vacantes dans votre auberge ?

L'HÔTESSE

Deux au premier étage.

ANTONY

Celle-ci ?

L'HÔTESSE, *ouvrant la porte*
de communication.

Et celle-là.

ANTONY

Je les retiens.

L'HÔTESSE

Toutes deux ?

ANTONY

Oui. Si cependant un voyageur était obligé de rester ici cette nuit, vous me le diriez, et peut-être en céderais-je une.

L'HÔTESSE

Monsieur a-t-il autre chose à commander ?

ANTONY

Qu'on mette à l'instant même, vous entendez, à l'instant, les quatre chevaux à la berline que je viens d'acheter, et que le postillon soit prêt dans cinq minutes.

L'HÔTESSE

C'est tout ?

ANTONY

Oui, pour le moment; d'ailleurs, j'ai mon domestique, et, si j'avais besoin de quelque chose, je vous ferais appeler…

L'Hôtesse sort.

SCÈNE II

LOUIS, ANTONY.

ANTONY

Louis!

LOUIS

Monsieur?

ANTONY

Tu me sers depuis dix ans?

LOUIS

Oui, monsieur.

ANTONY

As-tu jamais eu à te plaindre de moi?

LOUIS

Jamais.

ANTONY

Crois-tu que tu trouverais un meilleur maître?

LOUIS

Non, monsieur.

ANTONY

Alors tu m'es dévoué, n'est-ce pas?

LOUIS

Autant qu'on peut l'être.

ANTONY

Tu vas monter dans la berline qu'on attelle, et tu partiras pour Strasbourg[1].

LOUIS

Seul?

ANTONY

Seul... Tu connais le colonel d'Hervey?

LOUIS

Oui.

ANTONY

Tu prendras un habit bourgeois... Tu te logeras en face de lui... Tu te lieras avec ses domestiques... Si, dans un mois, deux mois, trois mois, n'importe à quelle époque, tu apprends qu'il va revenir à Paris, tu partiras à franc étrier pour le dépasser... Si tu apprends qu'il est parti, rejoins-le, dépasse-le pour m'en avertir; tu auras cent francs pour chaque heure que tu auras d'avance sur lui... Voici ma bourse; quand tu n'auras plus d'argent, écris-moi.

LOUIS

Est-ce tout?

ANTONY

Non... Tu retiendras le postillon en le faisant boire, de manière qu'il ne revienne avec les chevaux que demain matin, ou du moins fort avant dans la nuit... Et maintenant, pas un instant de retard... Sois vigilant, sois fidèle... Pars!...

Louis sort.

SCÈNE III

ANTONY, *seul.*

Ah! me voilà seul enfin!... Examinons... Ces deux chambres communiquent entre elles... Oui, mais de chaque côté la porte se ferme en dedans... Enfer!... Ce cabinet?... Aucune issue! Si je démontais ce verrou?... On pourrait le voir... Cette croisée?... Ah! le balcon sert pour les deux fenêtres... Une véritable terrasse. (*Il rit.*) Ah! c'est bien... Je suis écrasé. (*Il s'assied.*) Oh! comme elle m'a trompé! je ne la croyais pas si fausse... Pauvre sot, qui te fiais à son sourire, à sa voix émue, et qui, un instant, comme un insensé, t'étais repris au bonheur, et qui avais pris un éclair pour le jour!... Pauvre sot, qui ne sais pas lire dans un sourire, qui ne sais rien deviner dans une voix, et qui, la tenant dans tes bras, ne l'as pas étouffée, afin qu'elle ne fût pas à un autre... (*Il se lève.*) Et si elle allait arriver avant que Louis, qu'elle connaît, fût parti avec les chevaux... Malheur!... Non, l'on n'aperçoit pas encore la voiture. (*Il s'assied.*) Elle vient, s'applaudissant de m'avoir trompé, et, dans les bras de son mari, elle lui racontera tout;... elle lui dira que j'étais à ses pieds... oubliant mon nom d'homme et rampant; elle lui dira qu'elle m'a repoussé; puis, entre deux baisers, ils riront de l'insensé Antony, d'Antony le bâtard!... Eux rire!... mille démons! (*Il frappe la table de son poignard, et le fer y disparaît presque entièrement. Riant.*) Elle est bonne, la lame de ce poignard! (*Se levant et courant à la fenêtre.*)

Louis part enfin… Qu'elle arrive maintenant…
Rassemblez donc toutes les facultés de votre être
pour aimer ; créez-vous un espoir de bonheur, qui
dévore à jamais tous les autres ; puis, venez, l'âme
torturée et les yeux en pleurs, vous agenouiller
devant une femme ! voilà tout ce que vous en
obtiendrez… Dérision et mépris… Oh ! si j'allais
devenir fou avant qu'elle arrivât !… Mes pensées
se heurtent, ma tête brûle… Où y a-t-il du marbre
pour poser mon front ?… Et quand je pense qu'il
ne faudrait, pour sortir de l'enfer de cette vie, que
la résolution d'un moment, qu'à l'agitation de la
frénésie peut succéder en une seconde le repos
du néant, que rien ne peut, même la puissance de
Dieu, empêcher que cela ne soit, si je le veux…
Pourquoi donc ne le voudrais-je pas ?… est-ce un
mot qui m'arrête ?… Suicide !… Certes, quand
Dieu a fait, des hommes, une loterie au profit de
la mort, et qu'il n'a donné à chacun d'eux que la
force de supporter une certaine quantité de douleurs, il a dû penser que cet homme succomberait
sous le fardeau, alors que le fardeau dépasserait
ses forces… Et d'où vient que les malheureux ne
pourraient pas rendre malheur pour malheur ?…
Cela ne serait pas juste, et Dieu est juste !… Que
cela soit donc ; qu'elle souffre et pleure comme
j'ai pleuré et souffert !… Elle, pleurer !… elle,
souffrir, ô mon Dieu !… elle, ma vie, mon âme !…
c'est affreux !… Oh ! si elle pleure, que ce soit ma
mort du moins… Antony pleuré par Adèle… Oui,
mais aux larmes succéderont la tristesse, la mélancolie, l'indifférence… Son cœur se serrera encore
de temps en temps, lorsque par hasard on prononcera mon nom devant elle ;… puis on ne le

prononcera plus... l'oubli viendra... l'oubli, ce second linceul des morts!... Enfin, elle sera heureuse... Mais pas seule!... un autre partagera son bonheur... Cet autre, dans deux heures, elle sera près de lui... pour la vie entière... et moi, pour la vie entière, je serai loin... Ah! qu'il ne la revoie jamais!... N'ai-je pas entendu? Oui, oui... le roulement d'une voiture... La nuit vient... C'est heureux qu'il fasse nuit!... Cette voiture... c'est la sienne... Oh! cette fois encore, je me jetterai au-devant de toi, Adèle!... mais ce ne sera pas pour te sauver... Cinq jours sans me voir, et elle me quitte le jour où elle me voit... et, si la voiture m'eût brisé le front contre la muraille, elle eût laissé le corps mutilé à la porte, de peur qu'en entrant chez elle, ce cadavre ne la compromît. Elle approche... Viens, viens, Adèle!... car on t'aime... et on t'attend ici... La voilà... De cette fenêtre, je pourrais la voir... Mais sais-je en la voyant ce que je ferais?... Oh! mon cœur, mon cœur... Elle descend... C'est sa voix, sa voix si douce qui disait hier : «À demain, demain, mon ami...» Demain est arrivé, et je suis au rendez-vous... On monte... C'est l'hôtesse.

> *Il s'assied, avec une tranquillité apparente, sur un meuble près de la porte.*

SCÈNE IV

L'HÔTESSE, ANTONY.

L'HÔTESSE, *entre, deux flambeaux*
à la main, elle en pose un sur la table.

Monsieur, une dame, forcée de s'arrêter ici, a besoin d'une chambre ; vous avez eu la bonté de me dire que vous céderiez une de celles que vous avez retenues. Si monsieur est toujours dans les mêmes intentions, je le prierais de me dire de laquelle des deux il veut bien disposer en ma faveur…

ANTONY, *d'un air d'indifférence.*

Mais de celle-ci : c'est, je crois, la plus grande et la plus commode… Je me contenterai de l'autre.

L'HÔTESSE

Et quand, monsieur ?

ANTONY

Tout de suite… (*L'Hôtesse porte le second flambeau dans la pièce voisine et revient en scène tout de suite.*) La porte ferme en dedans… Cette dame sera chez elle.

L'HÔTESSE

Je vous remercie, monsieur. (*Elle va à la porte de l'escalier.*) Madame !… madame !… vous pouvez monter… Par ici !… là !…

ANTONY, *entrant dans l'autre chambre.*

La voilà…

> *Il ferme la porte de communication au moment où Adèle paraît.*

SCÈNE V

L'HÔTESSE, ADÈLE.

ADÈLE

Et vous dites qu'il est impossible de se procurer des chevaux ?

L'HÔTESSE

Madame, les quatre derniers sont partis il n'y a pas un quart d'heure.

ADÈLE

Et quand reviendront-ils ?

L'HÔTESSE

Cette nuit.

ADÈLE

Oh ! mon Dieu ! au moment d'arriver !… quand il n'y a plus, d'ici à Strasbourg, que deux lieues. Ah ! cherchez, cherchez s'il n'y a pas quelque moyen.

L'HÔTESSE

Je n'en connais pas… Ah ! cependant, si le postillon qui a amené madame était encore en bas, peut-être consentirait-il à doubler la poste.

ADÈLE

Oui, oui, c'est un moyen… Courez, dites-lui que ce qu'il demandera, je le lui donnerai… Allez, allez. (*L'Hôtesse sort.*) Oh ! il y sera encore, … il consentira… et, dans une heure, je serai près de mon mari… Ah ! mon Dieu ! je n'entends rien, je ne vois rien… Ce postillon sera reparti, peut-être… (*À l'Hôtesse, qui rentre.*) Eh bien ?

L'HÔTESSE

Il n'y est déjà plus… L'étranger qui vous a cédé cette chambre lui a dit quelques mots de sa fenêtre, et il est reparti à l'instant.

ADÈLE

Que je suis malheureuse !

L'HÔTESSE

Madame paraît bien agitée ?

ADÈLE

Oui. Encore une fois, il n'y a aucun moyen de partir avant le retour des chevaux ?

L'HÔTESSE

Aucun, madame.

ADÈLE

Laissez-moi alors, je vous prie

L'HÔTESSE

Si madame a besoin de quelque chose, elle son-
nera.

SCÈNE VI

ADÈLE, *seule.*

D'où vient que je suis presque contente de ce
retard ? Oh ! c'est qu'à mesure que je me rap-
proche de mon mari, il me semble entendre sa
voix, voir sa figure sévère… Que lui dirai-je pour
motiver ma fuite ?… Que je craignais d'en aimer
un autre… ? Cette crainte seule, aux yeux de la
société, aux siens, est presque un crime… Si je lui
disais que le seul désir de le voir ?… Ah ! ce serait
le tromper… Peut-être suis-je partie trop tôt, et le
danger n'était-il pas aussi grand que je le croyais…
Oh ! avant de le revoir, lui, je n'étais pas heureuse, mais du moins j'étais calme ;… chaque lendemain ressemblait à la veille… Dieu ! pourquoi
cette agitation, ce trouble… quand je vois tant
de femmes… ? Oh ! c'est qu'elles ne sont point
aimées par Antony… L'amour banal de tout autre
homme m'eût fait sourire de pitié… Mais son
amour à lui, son amour… Ah ! être aimée ainsi et
pouvoir l'avouer à Dieu et au monde ;… être la
religion, l'idole, la vie d'un homme comme lui…
si supérieur aux autres hommes ;… lui rendre
tout le bonheur que je lui devrais, et puis
des jours nombreux qui passeraient comme des
heures… Ah ! voilà pourtant ce qu'un préjugé
m'a enlevé !… voilà cette société juste qui punit

en nous une faute que ni l'un ni l'autre de nous
n'a commise… Et, en échange, que m'a-t-elle
donné? Ah! c'est à faire douter de la bonté
céleste!… Dieu! qu'ai-je entendu? Du bruit dans
cette chambre… C'est un étranger, un homme
que je ne connais pas qui l'habite,… cette
chambre… (*Elle se précipite vers la porte, qu'elle ferme
au verrou.*) Et j'avais oublié… Cette chambre est
sombre… Pourquoi donc tremblé-je comme
cela?… (*Elle sonne.*) Des chevaux! des chevaux!
au nom du ciel!… Je meurs ici!… (*À la porte de
l'escalier.*) Quelqu'un! madame!…

SCÈNE VII

L'HÔTESSE, ADÈLE.

L'HÔTESSE, *en dehors.*

Voilà! voilà! (*Entrant.*) Madame appelle?

ADÈLE

Je veux partir… Les chevaux sont-ils revenus?

L'HÔTESSE

Ils partaient à peine quand madame est arrivée, et je ne les attends que dans deux ou trois
heures… Madame devrait se reposer.

ADÈLE

Où?

L'HÔTESSE

Dans ce cabinet, il y a un lit.

ADÈLE

Il ne ferme pas, ce cabinet.

L'HÔTESSE

Les deux portes de cette chambre ferment en dedans.

ADÈLE

C'est juste. Je puis être sans crainte ici, n'est-ce pas?

L'HÔTESSE, *portant le flambeau dans le cabinet.*

Que pourrait craindre madame?

ADÈLE

Rien... Je suis folle. (*L'Hôtesse sort du cabinet.*) Venez, au nom du ciel! me prévenir... aussitôt que les chevaux seront de retour.

L'HÔTESSE

Aussitôt, madame.

ADÈLE, *entrant dans le cabinet.*

Jamais il n'est arrivé d'accident dans cet hôtel?

L'HÔTESSE

Jamais... Si madame veut, je ferai veiller quelqu'un.

ADÈLE, *à l'entrée du cabinet.*

Non, non, au fait... Pardon!... laissez-moi...

> *Elle rentre dans le cabinet et ferme la porte. Antony paraît sur le balcon, derrière*

la fenêtre, casse un carreau, passe son bras,
ouvre l'espagnolette, entre vivement, et va
mettre le verrou à la porte par laquelle est
sortie l'Hôtesse.

ADÈLE, *sortant du cabinet.*

Du bruit… Un homme !… Ah !..

ANTONY

Silence !… (*La prenant dans ses bras et lui mettant*
un mouchoir sur la bouche.) C'est moi !… moi,
Antony…

Il l'entraîne dans le cabinet[1].

ACTE QUATRIÈME

Un boudoir chez la vicomtesse de Lacy;
au fond, une porte ouverte donnant
sur un salon élégant préparé pour un bal;
à gauche, une porte dans un coin[1].

SCÈNE PREMIÈRE

LA VICOMTESSE DE LACY, puis EUGÈNE.

LA VICOMTESSE, *à plusieurs Domestiques.*

Allez, et n'oubliez rien de ce que j'ai dit... L'ennuyeuse chose qu'une soirée pour une maîtresse de maison qui est seule! à peine ai-je eu le temps d'achever ma toilette, et, si cet excellent Eugène ne m'avait aidée dans mes invitations et mes préparatifs, je ne sais comment je m'en serais tirée... Mais il avait promis d'être ici le premier.

UN DOMESTIQUE, *annonçant.*

M. Eugène d'Hervilly[2].

LA VICOMTESSE, *saluant.*

Monsieur...

EUGÈNE, *lui rendant son salut.*

Madame…

                 Le Domestique sort.

LA VICOMTESSE, *changeant de manières.*

Ah! vous voilà… (*Se coiffant d'une main et donnant l'autre à baiser.*) Vous êtes charmant et d'une exactitude qui ferait honneur à un algébriste; c'est beau pour un poète.

EUGÈNE

Il y a des circonstances où l'exactitude n'est pas une vertu bien surprenante.

LA VICOMTESSE

Vrai?… Tant mieux!… Ma toilette est-elle de votre goût?

EUGÈNE

Charmante!

LA VICOMTESSE

Flatteur!… Reconnaissez-vous cette robe?

EUGÈNE

Cette robe?…

LA VICOMTESSE

Oublieux!… c'est celle que j'avais la première fois que je vous vis…

EUGÈNE

Ah! oui, chez…

                 Il cherche.

LA VICOMTESSE, *avec impatience.*

Chez Mme Amédée de Vals... Il n'y a que les
femmes pour avoir ce genre de mémoire... Ce
devrait être le beau jour, le grand jour de votre
existence... Vous rappelez-vous cette dame qui ne
nous a pas quittés des yeux?

EUGÈNE

Oui, Mme de Camps!... cette prude... dont on
heurte toujours le pied, et qui, lorsqu'on lui fait
des excuses, fait semblant de ne pas comprendre,
et répond : «Oui, monsieur, pour la première
contredanse.»

LA VICOMTESSE

À propos, je l'ai vue depuis que vous m'avez
quittée, et je me suis disputée avec elle, oh! mais
disputée à m'enrouer.

EUGÈNE

Ah! bon Dieu! et sur quoi donc?

LA VICOMTESSE

Sur la littérature... Vous savez que je ne parle
plus que littérature?... C'est vraiment à me com-
promettre... C'est votre faute cependant... Si
vous me rendiez en amour ce que je risque pour
vous, au moins...

EUGÈNE

Comment! est-ce que je ne vous aimerais pas
comme vous voulez être aimée?

LA VICOMTESSE

Il le demande!… Quand j'ai vu un poète s'occuper de moi, j'ai été enchantée; je me suis dit: «Oh! je vais trouver une âme ardente, une tête passionnée, des émotions nouvelles et profondes.» Pas du tout! vous m'avez aimée comme aurait fait un agent de change… Voulez-vous me dire où vous prenez ces scènes de feu qui vous ont fait réussir au théâtre? car, vous avez beau dire, c'est là qu'est le succès de vos pièces, et non dans l'historique, les mœurs, la couleur locale… que sais-je, moi? Oh! je vous en veux mortellement de m'avoir trompée… et de rire encore.

EUGÈNE

Écoutez… Moi aussi, madame, j'ai cherché par tout cet amour délirant dont vous parlez;… moi aussi, je l'ai demandé à toutes les femmes… Dix fois j'ai été sur le point de l'obtenir d'elles;… mais, pour les unes, je ne faisais pas assez bien le nœud de ma cravate; pour les autres, je sautais trop en dansant et pas assez en valsant… Une dernière allait m'aimer à l'adoration, lorsqu'elle s'est aperçue que je ne dansais pas le galop… Bref, il m'a toujours échappé au moment où je croyais être sûr de l'avoir inspiré. C'est le rêve de l'âme tant qu'elle est jeune et naïve… Tout le monde a fait ce rêve… pour le voir s'évanouir lentement; j'ai commencé ainsi que les autres, et fini comme eux; j'ai accepté de la vie ce qu'elle donne, et l'ai tenue quitte de ce qu'elle promet; j'ai usé cinq ou six ans à chercher cet amour idéal au milieu de notre société élégante et rieuse, et j'ai terminé ma recherche par le mot *impossible*.

LA VICOMTESSE

Impossible !… Voyez comme aime Antony…
Voilà comme j'aurais voulu être aimée…

EUGÈNE

Oh ! c'est autre chose ; prenez-y garde, madame :
un amour comme celui d'Antony vous tuerait, du
moment que vous ne le trouveriez pas ridicule ;
vous n'êtes pas, comme Mme d'Hervey, une
femme au teint pâle, aux yeux tristes, à la bouche
sévère… Votre teint est rosé, vos yeux sont
pétillants, votre bouche est rieuse… De violentes
passions détruiraient tout cela, et ce serait dom-
mage ; vous, bâtie de fleurs et de gaze, vous voulez
aimer et être aimée d'amour ? Ah ! prenez-y
garde, madame !

LA VICOMTESSE

Mais vous m'effrayez !… Au fait, peut-être cela
vaut-il mieux comme cela est.

EUGÈNE, *avec gaieté*

Oh ! sans doute ; vous commandez une robe,
vous me dites que vous m'aimez, vous allez au bal,
vous revenez avec la migraine ; le temps se passe,
votre cœur reste libre, votre tête est folle ; et, si
vous avez à vous plaindre d'une chose, c'est de ce
que la vie est si courte et de ce que les jours sont
si longs.

LA VICOMTESSE

Silence, fou que vous êtes ! voilà du monde qui
nous arrive.

LE DOMESTIQUE

Madame de Camps.

LA VICOMTESSE

Votre antipathie.

EUGÈNE

Je l'avoue : méchante et prude.

LA VICOMTESSE

Chut!… (*À Mme de Camps.*) Ah! venez donc…

SCÈNE II

LES MÊMES, MADAME DE CAMPS

MADAME DE CAMPS

J'arrive de bonne heure, chère Marie; il est si embarrassant pour une veuve de se présenter seule au milieu d'un bal! on sent tous les regards se fixer sur vous.

LA VICOMTESSE

Mais il me semble que c'est un malheur que moins que tout autre vous devez craindre[1].

MADAME DE CAMPS

Vous me flattez; est-ce que vous m'en voulez encore de notre petite querelle littéraire?… (*À Eugène.*) C'est vous qui la rendez romantique, monsieur; c'est un péché duquel vous répondrez au jour du jugement dernier.

EUGÈNE

Je ne sais trop, madame, par quelle influence je pourrais…

MADAME DE CAMPS

Oh! ni moi non plus; mais le fait est qu'elle ne dit plus un mot de médecine, et que Bichat, Broussais, Gall et M. Delaunay sont complètement abandonnés pour Shakespeare, Schiller, Goethe et vous.

LA VICOMTESSE

Mais, méchante que vous êtes, vous feriez croire à des choses…

MADAME DE CAMPS

Oh! ce n'est qu'une plaisanterie… Et qui aurons-nous à notre belle soirée?… tout Paris?…

LA VICOMTESSE

D'abord… Puis nos amis habituels, quelques présentations de jeunes gens qui dansent; c'est précieux, l'espèce en devient de jour en jour plus rare… Ah! Adèle d'Hervey, qui rentre dans le monde.

MADAME DE CAMPS

Oui, qu'elle avait quitté sous prétexte de mauvaise santé, depuis trois mois, depuis son départ, depuis son aventure dans une auberge;… que sais-je, moi!… Comment, chère Marie, vous recevez cette femme?… Eh bien, vous avez tort… Vous ne savez donc pas?…

LA VICOMTESSE

Je sais qu'on dit mille choses dont pas une n'est vraie peut-être... Mais Adèle est une ancienne amie à moi.

MADAME DE CAMPS

Oh! ce n'est point non plus un reproche que je vous fais... Vous êtes si bonne, vous n'aurez vu dans cette invitation qu'un moyen de la réhabiliter; mais ce serait à elle à comprendre qu'elle est déplacée dans un certain monde, et, si elle ne le comprend pas, ce serait charité que de le lui faire sentir. Si son aventure n'avait pas fait tant d'éclat encore... Mais pourquoi sa sœur se presse-t-elle de dire qu'elle est partie pour rejoindre son mari? Puis, quelques jours après, on la voit revenir! M. Antony, absent avec elle, revient en même temps qu'elle... Vous l'avez sans doute invité aussi, M. Antony?

LA VICOMTESSE

Certes!

MADAME DE CAMPS

Je serai enchantée de le voir, M. Antony; j'aime beaucoup les problèmes.

LA VICOMTESSE

Comment?

MADAME DE CAMPS

Sans doute; n'est-ce point un problème... vivant au milieu de la société, qu'un homme riche, dont on ne connaît ni la famille ni l'état? Quant à moi, je ne sais qu'un métier qui dispense d'un état et d'une famille.

EUGÈNE

Ah! madame!

MADAME DE CAMPS

Sans doute! rien n'est dramatique comme le mystérieux au théâtre ou dans un roman... Mais dans le monde!

LE DOMESTIQUE, *annonçant.*

M. le baron de Marsanne... M. Frédéric de Lusan... M. Darcey.

> *Entrent en même temps quelques autres personnes qu'on ne nomme pas.*

SCÈNE III

*LES MÊMES, FRÉDÉRIC,
LE BARON DE MARSANNE, INVITÉS.*

LA VICOMTESSE, *à M. de Marsanne.*

Ah! c'est bien aimable à vous, monsieur le baron. (*Avec familiarité, à Frédéric.*) Vous êtes un homme charmant; vous danserez, n'est-ce pas?

FRÉDÉRIC

Mais, madame, je serai à vos ordres, aujourd'hui comme toujours.

LA VICOMTESSE

Faites attention, j'ai des témoins... Monsieur Darcey, je vous avais promis à ces dames. (*À une Jeune Fille qui entre avec sa Mère.*) Oh! comme vous êtes jolie! venez ici, mon bel ange! (*À la Maman.*) Vous nous la laisserez, n'est-ce pas? bien tard! bien tard!

LA MAMAN

Mais, madame la vicomtesse...

LA VICOMTESSE

J'ai trois personnes pour faire votre partie de boston.

LE DOMESTIQUE

M. Olivier Delaunay.

> *Les Dames sourient et regardent alternativement Eugène et Olivier.*

SCÈNE IV

LES MÊMES, OLIVIER.

OLIVIER

Madame...

LA VICOMTESSE

Bonjour, monsieur Olivier; je suis enchantée de vous voir; vous trouverez ce soir, ici, M. Antony; j'ai présumé qu'il vous serait agréable de le rencontrer, voilà pourquoi mon invitation était si pressante.

FRÉDÉRIC, *allant à Olivier.*

Mais je te cherchais partout en entrant ici; je
m'attendais à ce que les honneurs de la maison
me seraient faits par toi.

OLIVIER, *apercevant Eugène*
qui vient à eux.

Chut!

FRÉDÉRIC

Bah!

OLIVIER

Parole d'honneur!

EUGÈNE

Bonjour, docteur.

OLIVIER

Eh bien, mon ami, les succès?

EUGÈNE

Eh bien, mon cher, les malades?

OLIVIER

Siffle-t-on toujours?

EUGÈNE

Meurt-on quelquefois?

LE DOMESTIQUE

Madame la baronne d'Hervey.

MADAME DE CAMPS, *à des Dames
qui l'entourent.*

L'héroïne de l'aventure que je vous racontais

SCÈNE V

LES MÊMES, ADÈLE.

LA VICOMTESSE

Bonjour, chère Adèle. Eh bien, vous n'amenez
pas votre sœur Clara?

ADÈLE

Il y a quelques jours qu'elle est partie pour
rejoindre son mari.

MADAME DE CAMPS

Mais nous la reverrons probablement bientôt;
ces voyages-là ne sont point ordinairement de
longue durée.

LA VICOMTESSE, *vivement, à Adèle.*

Chère amie, permettez que je vous présente
M. Eugène d'Hervilly, que vous connaissez sans
doute de nom.

ADÈLE

Oh! monsieur, je suis bien indigne; depuis
trois mois, j'ai été souffrante, je suis sortie à peine,
et, par conséquent, je n'ai pu voir votre dernier
ouvrage.

LA VICOMTESSE

Profane ! allez-y donc, et bien vite ; je vous enver-
rai ma loge, la première fois qu'on le jouera.
(*À Eugène.*) Vous m'en ferez souvenir.

LE DOMESTIQUE

M. Antony.

> *Tout le monde se retourne; les yeux
> se fixent alternativement sur Adèle et
> sur Antony qui entre. Antony salue la
> Vicomtesse, puis les Dames en masse.
> Olivier va à lui ; ils causent. Eugène le
> regarde avec curiosité et intérêt.*

SCÈNE VI

LES MÊMES, ANTONY.

ADÈLE, *pour cacher son trouble,
s'adressant vivement à Eugène.*

Et vous achevez sans doute quelque chose,
monsieur ?

EUGÈNE

Oui, madame.

MADAME DE CAMPS

Toujours du Moyen Âge ?

EUGÈNE

Toujours.

ADÈLE

Mais pourquoi ne pas attaquer un sujet au milieu de notre société moderne ?

LA VICOMTESSE

C'est ce que je lui répète à chaque instant : «Faites de l'actualité.» N'est-ce pas qu'on s'intéresse bien plus à des personnages de notre époque, habillés comme nous, parlant la même langue ?

LE BARON DE MARSANNE

Oh ! c'est qu'il est bien plus facile de prendre dans les chroniques que dans son imagination… On y trouve des pièces à peu près faites.

FRÉDÉRIC

Oui, à peu près.

LE BARON DE MARSANNE

Dame ! voyez plutôt ce que *Le Constitutionnel*[1] disait à propos de…

EUGÈNE

Plusieurs causes, beaucoup trop longues à développer, m'empêchent de le faire.

LA VICOMTESSE

Déduisez vos raisons, et nous serons vos juges.

EUGÈNE

Oh ! mesdames, permettez-moi de vous dire que ce serait un cours beaucoup trop sérieux pour un auditoire en robe de bal et en parure de fête.

MADAME DE CAMPS

Mais point du tout ; vous voyez qu'on ne danse pas encore… Et puis nous nous occupons toutes de littérature ; n'est-ce pas, vicomtesse ?

LE BARON DE MARSANNE

De la patience, mesdames ; monsieur consignera toutes ses idées dans la préface de son premier ouvrage.

LA VICOMTESSE

Est-ce que vous faites une préface ?

LE BARON DE MARSANNE

Les romantiques font tous des préfaces… *Le Constitutionnel* les plaisantait l'autre jour là-dessus avec une grâce…

ADÈLE

Vous le voyez, monsieur, vous avez usé, à vous défendre, un temps qui aurait suffi à développer tout un système.

EUGÈNE

Et vous aussi, madame, faites-y attention… Vous l'exigez, je ne suis plus responsable de l'ennui… Voici mes motifs : la comédie est la peinture des mœurs ; le drame, celle des passions. La Révolution, en passant sur notre France, a rendu les hommes égaux, confondu les rangs, généralisé les costumes. Rien n'indique la profession, nul cercle ne renferme telles mœurs ou telles habitudes ; tout est fondu ensemble, les nuances ont remplacé les couleurs, et il faut des couleurs et non des nuances au peintre qui veut faire un tableau.

ADÈLE

C'est juste.

LE BARON DE MARSANNE

Cependant, monsieur, *Le Constitutionnel*...

EUGÈNE, *sans écouter*.

Je disais donc que la comédie de mœurs devenait de cette manière, sinon impossible, du moins très difficile à exécuter[1]. Reste le drame de passion, et ici une autre difficulté se présente. L'histoire nous lègue des faits, ils nous appartiennent par droit d'héritage, ils sont incontestables, ils sont au poète : il exhume les hommes d'autrefois, les revêt de leurs costumes, les agite de leurs passions, qu'il augmente ou diminue selon le point où il veut porter le dramatique. Mais, que nous essayions, nous, au milieu de notre société moderne, sous notre frac gauche et écourté, de montrer à nu le cœur de l'homme, on ne le reconnaîtra pas... La ressemblance entre le héros et le parterre sera trop grande, l'analogie trop intime ; le spectateur qui suivra chez l'acteur le développement de la passion voudra l'arrêter là où elle se serait arrêtée chez lui ; si elle dépasse sa faculté de sentir ou d'exprimer à lui, il ne la comprendra plus, il dira : « C'est faux ; moi, je n'éprouve pas ainsi ; quand la femme que j'aime me trompe, je souffre sans doute... oui... quelque temps... mais je ne la poignarde ni ne meurs, et la preuve, c'est que me voilà. » Puis les cris à l'exa-

gération, au mélodrame, couvrant les applaudissements de ces quelques hommes qui, plus heu-
reusement ou plus malheureusement organisés
que les autres, sentent que les passions sont les
mêmes au xve qu'au xixe siècle, et que le cœur bat
d'un sang aussi chaud sous un frac de drap que
sous un corselet d'acier…

ADÈLE

Eh bien, monsieur, l'approbation de ces
quelques hommes vous dédommagerait amplement de la froideur des autres.

MADAME DE CAMPS

Puis, s'ils doutaient, vous pourriez leur donner
la preuve que ces passions existent véritablement
dans la société. Il y a encore des amours profondes qu'une absence de trois ans ne peut
éteindre, des chevaliers mystérieux qui sauvent la
vie à la dame de leurs pensées, des femmes vertueuses qui fuient leur amant, et, comme le
mélange du naturel et du sublime est à la mode,
des scènes qui n'en sont que plus dramatiques
pour s'être passées dans une chambre d'auberge… Je peindrais une de ces femmes…

> ANTONY, *qui n'a rien dit pendant toute
> la discussion littéraire, mais dont le visage
> s'est progressivement animé, s'avance lente-
> ment, et s'appuie sur le dos du fauteuil de
> madame de Camps.*

Madame, auriez-vous par hasard ici un frère ou
un mari?

MADAME DE CAMPS, *étonnée.*

Que vous importe, monsieur ?

ANTONY

Je veux le savoir, moi !

MADAME DE CAMPS

Non !

ANTONY

Eh bien, alors, honte au lieu de sang ! (*À Eugène.*) Oui, madame a raison, monsieur ! et, puisqu'elle s'est chargée de vous tracer le fond du sujet, je me chargerai, moi, de vous indiquer les détails… Oui, je prendrais cette femme innocente et pure entre toutes les femmes, je montrerais son cœur aimant et candide, méconnu par cette société fausse, au cœur usé et corrompu ; je mettrais en opposition avec elle une de ces femmes dont toute la moralité serait l'adresse ; qui ne fuirait pas le danger, parce qu'elle s'est depuis longtemps familiarisée avec lui ; qui abuserait de sa faiblesse de femme pour tuer lâchement une réputation de femme, comme un spadassin abuse de sa force pour tuer une existence d'homme ; je prouverais que la première des deux qui sera compromise sera la femme honnête, et cela, non point à défaut de vertu, mais par manque d'habitude… Puis, à la face de la société, je demanderais justice entre elles ici-bas, en attendant que Dieu la leur rendît là-haut. (*Silence d'un instant.*) Allons, mesdames, c'est assez longtemps causer littérature ; la musique vous appelle ; en place pour la contredanse.

EUGÈNE, *présentant vivement la main*
à Adèle.

Madame, aurai-je l'honneur…?

ADÈLE

Je vous rends grâce, monsieur, je ne danse-
rai pas.

> *Antony prend la main d'Eugène et la lui*
> *serre.*

MADAME DE CAMPS

Adieu, chère vicomtesse.

LA VICOMTESSE

Comment, vous vous en allez?

MADAME DE CAMPS, *s'éloignant.*

Je ne resterai pas après la scène affreuse..

LA VICOMTESSE, *s'éloignant avec elle.*

Vous l'avez un peu provoquée, convenez-en.

> *Adèle reste seule; Antony la regarde pour*
> *savoir s'il doit rester ou sortir, Adèle lui fait*
> *signe de s'éloigner.*

SCÈNE VII

ADÈLE, *puis* LA VICOMTESSE.

ADÈLE

Ah! pourquoi suis-je venue, mon Dieu? Je dou-
tais encore; tout est donc connu! tout, non pas,

mais bientôt tout... Perdue, perdue à jamais !
Que faire ? Sortir ?... Tous les yeux se fixeront sur
moi... Rester ?... Toutes les voix crieront à l'impudence. J'ai pourtant bien souffert depuis trois
mois ! ç'aurait dû être une expiation.

LA VICOMTESSE, *entrant.*

Eh bien !... Ah ! je vous cherchais, Adèle !

ADÈLE

Que vous êtes bonne !

LA VICOMTESSE

Et vous, que vous êtes folle ! Bon Dieu ! je crois
que vous pleurez !...

ADÈLE

Oh ! pensez-vous que ce soit sans motif ?

LA VICOMTESSE

Pour un mot ?

ADÈLE

Un mot qui tue.

LA VICOMTESSE

Mais cette femme perdrait vingt réputations
par jour si on la croyait.

ADÈLE, *se levant vivement.*

On ne la croira point, n'est-ce pas ? Tu ne la
crois pas, toi ? Merci ! merci !

LA VICOMTESSE

Mais vous-même, chère Adèle, il faudrait savoir aussi commander un peu à votre visage.

ADÈLE

Comment et pourquoi l'aurais-je appris? Oh! je ne le sais pas, je ne le saurai jamais.

LA VICOMTESSE

Mais si, enfant, je disais comme vous?... Au milieu de ce monde, on entend une foule de choses qui doivent glisser sans atteindre, ou, si elles atteignent, eh bien, un regard calme, un sourire indifférent...

ADÈLE

Oh! voilà qui est affreux, Marie; c'est que vous-même pensiez déjà ceci de moi, qu'un jour viendra où j'accueillerai l'injure, où je ne reculerai pas devant le mépris, où je verrai devant moi, avec un regard calme, un sourire indifférent, ma réputation de femme et de mère, comme un jouet d'enfant, passer entre des mains qui la briseront. Oh! mon cœur! mon cœur! plutôt qu'on le torture, qu'on le déchire, et je resterai calme, indifférente; mais ma réputation, mon Dieu!... Marie, vous savez si jusqu'à présent elle était pure, si une voix dans le monde avait osé lui porter atteinte...

LA VICOMTESSE

Eh bien, mais voilà justement ce qu'elles ne vous pardonneront pas, voilà ce qu'à tort ou à raison il faut que la femme expie un jour... Mais que vous importe, si votre conscience vous reste?

ADÈLE

Oui, si la conscience reste.

LA VICOMTESSE

Si, en rentrant chez vous, seule avec vous-même, vous pouvez en souriant vous regarder dans votre glace et dire : « Calomnie !... » si vos amis continuent à vous voir...

ADÈLE

Par égard pour mon rang, pour ma position sociale.

LA VICOMTESSE

S'ils vous tendent la main, vous embrassent... Voyons !

ADÈLE

Par pitié, peut-être... par pitié ; et c'est une femme qui, en se jouant, le sourire sur les lèvres, laisse tomber sur une autre femme un mot qui déshonore, l'accompagne d'un regard doux et affectueux pour savoir s'il entrera bien au cœur, et si le sang rejaillira... Infamie !... Mais je ne lui ai rien fait, à cette femme ?

LA VICOMTESSE

Adèle !

ADÈLE

Elle va aller répéter cela partout... Elle dira que je n'ai point osé la regarder en face, et qu'elle m'a fait rougir et pleurer... Oh ! cette fois, elle dira vrai, car je rougis et je pleure[1].

LA VICOMTESSE

Oh! mon Dieu! calmez-vous; et moi qui suis obligée de vous quitter.

ADÈLE

Oui, votre absence attristerait le bal; allez, Marie, allez.

LA VICOMTESSE

J'avais promis à Eugène de danser avec lui la première contredanse... Mais, avec lui, je ne me gêne pas, la seconde commence. Écoutez, chère Adèle, mon amie, vous ne pouvez entrer maintenant; remettez-vous, et je reviendrai tout à l'heure vous chercher. Puis, après tout, songez que, tout le monde vous abandonnât-il, il vous restera toujours une bonne amie, un peu folle, mais au cœur franc, qui sait qu'elle vaut cent fois moins que vous, mais qui ne vous en aime que cent fois davantage. Allons, embrassez-moi, essuyez vos beaux yeux gonflés de larmes, et revenez vite faire mourir toutes ces femmes de jalousie... Au revoir!... Je vais veiller à ce qu'on ne vienne pas vous troubler.

> *Elle sort. Antony est entré, pendant les derniers mots de la Vicomtesse, par la porte de côté, et s'est tenu au fond.*

SCÈNE VIII

ANTONY, ADÈLE, *sans le voir.*

ANTONY, *regardant s'éloigner*
la Vicomtesse.

Elle est bonne, cette femme ! (*Il revient lentement se placer devant Adèle sans être aperçu. Avec angoisse.*) Oh ! mon Dieu ! mon Dieu !

ADÈLE, *avec douceur et relevant la tête.*

Je ne vous en veux pas, Antony.

ANTONY

Oh ! vous êtes un ange.

ADÈLE

Je vous l'avais bien dit, qu'on ne pouvait rien cacher à ce monde qui nous entoure de tous ses liens, nous épie de tous ses yeux… Vous avez désiré que je vinsse, je suis venue.

ANTONY

Oui, et vous avez été insultée lâchement !… insultée ! et moi, j'étais là, et je ne pouvais rien pour vous, c'était une femme qui parlait… Dix années de ma vie, dussent-elles se passer avec vous, je les aurais données pour que ce fût un homme qui dît ce qu'elle a dit.

ADÈLE

Mais je ne lui ai rien fait, à cette femme !

ANTONY

Elle s'est au moins rendu justice en se retirant.

ADÈLE

Oui ; mais ses paroles empoisonnées étaient déjà entrées dans mon cœur et dans celui des personnes qui se trouvaient là... Vous, vous n'entendez d'ici que le fracas de la musique et le froissement du parquet... Moi, au milieu de tout cela, j'entends bruire mon nom, mon nom cent fois répété, mon nom qui est celui d'un autre, qui me l'a donné pur, et que je lui rends souillé... Il me semble que toutes ces paroles qui bourdonnent ne sont qu'une seule phrase répétée par cent voix : « C'est sa maîtresse ! »

ANTONY

Mon amie !... mon Adèle !

ADÈLE

Puis, quand je rentrerai... car je ne puis rester toujours ici, ils se parleront bas ;... leurs yeux dévoreront ma rougeur ;... ils verront la trace de mes larmes... et ils diront : « Ah ! elle a pleuré... Mais il la consolera, lui, c'est sa maîtresse ! »

ANTONY

Ah !

ADÈLE

Les femmes s'éloigneront de moi, les mères diront à leur fille : « Vois-tu cette femme ?... elle avait un mari honorable... qui l'aimait, qui la rendait heureuse... Rien ne peut excuser sa faute !...

c'est une femme qu'il ne faut pas voir, une femme perdue ; c'est sa maîtresse ! »

ANTONY

Oh ! tais-toi, tais-toi ! Et, parmi toutes ces femmes, quelle femme est plus pure et plus innocente que toi ?... Tu as fui... C'est moi qui t'ai poursuivie ; j'ai été sans pitié à tes larmes, sans remords à tes gémissements ; c'est moi qui t'ai perdue, moi qui suis un misérable, un lâche ; je t'ai déshonorée, et je ne puis rien réparer... Dis-moi, que faut-il faire pour toi ?... Y a-t-il des paroles qui consolent ? Demande ma vie, mon sang... Par grâce, que veux-tu, qu'ordonnes-tu ?...

ADÈLE

Rien... Vois-tu, il m'est passé là souvent une idée affreuse ; c'est que peut-être, une fois, une seule fois, tu as pu te dire dans ton cœur : « Elle m'a cédé ; donc, elle pouvait céder à un autre. »

ANTONY

Que je meure si cela est !

ADÈLE

C'est qu'alors, pour toi aussi, je serais une femme perdue... toi aussi, tu dirais : « C'est ma maîtresse ! »

ANTONY

Oh ! non, non... Tu es mon âme, ma vie, mon amour !

ADÈLE

Dis-moi, Antony, si demain j'étais libre, m'épouserais-tu toujours?

ANTONY

Oh! sur Dieu et l'honneur, oui.

ADÈLE

Sans crainte?… sans hésitation?

ANTONY

Avec ivresse.

ADÈLE

Merci! il me reste donc Dieu et toi; que m'importe le monde?… Dieu et toi savez qu'une femme ne pouvait résister à tant d'amour… Ces femmes si vaines, si fières, eussent succombé comme moi, si mon Antony les eût aimées; mais il ne les eût pas aimées, n'est-ce pas?…

ANTONY

Oh! non, non…

ADÈLE

Car quelle femme pourrait résister à mon Antony? Ah!… tout ce que j'ai dit est folie… Je veux être heureuse encore, j'oublierai tout pour ne me souvenir que de toi… Que m'importe ce que le monde dira? Je ne verrai plus personne, je m'isolerai avec notre amour, tu resteras près de moi; tu me répéteras à chaque instant que tu m'aimes, que tu es heureux, que nous le sommes; je te croirai, car je crois en ta voix, en tout ce que tu me dis; quand tu parles, tout en moi se tait pour écouter, mon cœur n'est plus serré, mon front n'est plus brûlant, mes larmes s'arrêtent, mes remords s'endorment... J'oublie!...

ANTONY

Non, je ne te quitterai plus, je prends tout sur moi, et que Dieu m'en punisse, oui, nous serons heureux encore... Calme-toi.

ADÈLE, *dans les bras d'Antony.*

Je suis heureuse!... (*La porte du salon s'ouvre, la Vicomtesse paraît.*) Marie!

ANTONY

Malédiction!

> *Adèle jette un cri et se sauve par la porte de côté.*

SCÈNE IX

ANTONY, *LA VICOMTESSE DE LACY, puis LOUIS.*

LA VICOMTESSE

Monsieur, ce n'est qu'après vous avoir cherché partout que je suis entrée ici.

ANTONY, *avec amertume.*

Et sans doute, madame, un motif bien important?...

LA VICOMTESSE

Oui, monsieur, un homme qui se dit votre domestique, vous demande, ne veut parler qu'à vous… Il y va, dit-il, de la vie et de la mort.

ANTONY

Un domestique à moi… qui ne veut parler qu'à moi?… Oh! madame, permettez qu'il entre ici… Pardon… Si c'était?… Et puis, au nom du ciel! dites à Adèle… à la baronne… de venir… Cherchez-la, madame, je vous en prie!… vous êtes sa seule amie…

LA VICOMTESSE

J'y cours. (*Au Domestique.*) Entrez.

ANTONY

Louis!… Oh! qui te ramène?

LOUIS

Le colonel d'Hervey est parti hier matin de Strasbourg; il sera ici dans quelques heures[1].

ANTONY

Dans quelques heures?… (*Appelant.*) Adèle!… Adèle!…

LA VICOMTESSE, *rentrant.*

Elle vient de partir.

ANTONY

Pour retourner chez elle?… Malheureux! arriverai-je à temps?

ACTE CINQUIÈME

Une chambre chez Adèle d'Hervey[1].

SCÈNE PREMIÈRE

ADÈLE, *UNE FEMME DE CHAMBRE.*

Un Domestique apporte deux flambeaux et sort.

ADÈLE, *entrant, donnant son boa à sa femme de chambre qui la suit.*

Vous pouvez vous retirer.

LA FEMME DE CHAMBRE

Mais madame va rester seule.

ADÈLE

Si j'ai besoin de vous, je sonnerai… Allez.

La Femme de chambre sort.

SCÈNE II

ADÈLE, seule.

Ah ! me voilà donc seule enfin !… je puis rougir et pleurer seule… Mon Dieu ! qu'est-ce que c'est donc que cette fatalité à laquelle vous permettez d'étendre le bras au milieu du monde, de saisir une femme qui toujours avait été vertueuse et qui voulait toujours l'être, de l'entraîner malgré ses efforts et ses cris, brisant tous les appuis auxquels elle se rattache, faisant sa perte, à elle, de ce qui ferait le salut d'un autre ? Et vous consentez, ô mon Dieu ! que cette femme soit vue des mêmes yeux, poursuivie des mêmes injures que celles qui se sont fait un jeu de leur déshonneur… Oh ! est-ce justice ?… Une amie encore, une seule au monde, croyait à mon innocence et me consolait… C'était trop de bonheur, pas assez de honte… Elle me trouve dans ses bras !… Abandonnée !… Ah ! Antony ! Antony ! me poursuivras-tu donc toujours !… Qui vient là ?

SCÈNE III

ADÈLE, ANTONY

ANTONY, *entrant.*

Adèle ! (*Avec joie.*) Ah !

ADÈLE

Oh ! c'est encore vous !… Vous ici ! dans la mai-

son de mon mari, dans la chambre de ma fille
presque!... Ayez donc pitié de moi!... Mes domestiques me respectent et m'honorent encore; voulez-vous que, demain, je rougisse devant mes
domestiques?...

ANTONY

Aucun ne m'a vu... Puis il fallait que je te par-
lasse.

ADÈLE

Oui, vous avez voulu savoir comment j'avais
supporté cette affreuse soirée... Eh bien, je suis
calme, je suis tranquille, ne craignez rien...
Retirez-vous.

ANTONY

Oh! ce n'est pas cela... Ne t'alarme pas de ce
que je vais te dire...

ADÈLE

Parle! parle! quoi donc?

ANTONY

Il faut me suivre.

ADÈLE

Vous!... et pourquoi?

ANTONY

Pourquoi? Oh! mon Dieu! Pauvre Adèle!...
écoute, tu sais si ma vie est à toi, si je t'aime avec
délire. Eh bien, par ma vie et mon amour, il faut
me suivre... à l'instant.

ADÈLE

Oh! mon Dieu! mais qu'y a-t-il donc?

ANTONY

Si je te disais : «Adèle, la maison voisine est en proie aux flammes, les murs sont brûlants, l'escalier chancelle, il faut me suivre…» Eh bien, tu aurais encore plus de temps à perdre.

Il l'entraîne.

ADÈLE

Oh! vous ne m'entraînerez pas, Antony; c'est folie… Grâce! grâce!… oh! j'appelle, je crie!

ANTONY, *la lâchant.*

Il faut donc tout te dire, tu le veux : eh bien, du courage, Adèle! dans une heure, ton mari sera ici.

ADÈLE

Qu'est-ce que tu dis?

ANTONY

Le colonel est au bout de la rue, peut-être.

ADÈLE

Cela ne se peut pas… Ce n'est pas l'époque de son retour.

ANTONY

Et si des soupçons le ramènent, si des lettres anonymes ont été écrites!

ADÈLE

Des soupçons! oui, oui, c'est cela... Oh! mais je suis perdue, moi!... Sauvez-moi, vous... Mais n'avez-vous rien résolu?... Vous le saviez avant moi, vous aviez le temps de chercher... Moi, moi... vous voyez bien que j'ai la tête renversée.

ANTONY

Il faut te soustraire d'abord à une première entrevue.

ADÈLE

Et puis?...

ANTONY

Et puis nous prendrons conseil de tout, même du désespoir... Si tu étais une de ces femmes vertueuses qui te raillaient ce soir, je te dirais: « Trompe-le. »

ADÈLE

Oh! fussé-je assez fausse pour cela, oublies-tu que je ne pourrais pas le tromper longtemps. Nous ne sommes pas malheureux à demi, nous!

ANTONY

Eh bien, tu le vois, plus d'espérance à attendre du ciel en restant ici... Écoute, je suis libre, moi; partout où j'irai, ma fortune me suivra; puis, me manquât-elle, j'y suppléerai facilement. Une voiture est en bas... Écoute, et réfléchis qu'il n'y a pas d'autre moyen: si un cœur dévoué, si une existence d'homme tout entière que je jette à tes pieds... te suffisent... dis oui; l'Italie, l'Angleterre, l'Allemagne, nous offrent un asile… Je t'arrache à ta famille, à ta patrie… Eh bien, je serai pour toi et famille et patrie… En changeant de nom, nul ne saura qui nous sommes pendant notre vie, nul ne saura qui nous avons été après notre mort. Nous vivrons isolés, tu seras mon bien, mon Dieu, ma vie ; je n'aurai d'autre volonté que la tienne, d'autre bonheur que le tien… Viens, viens, et nous oublierons les autres pour ne nous souvenir que de nous.

ADÈLE

Oui, oui… Eh bien, un mot à Clara.

ANTONY

Nous n'avons pas une minute à perdre.

ADÈLE

Ma fille !… il faut que j'embrasse ma fille… Vois-tu, c'est un dernier adieu, un adieu éternel.

ANTONY

Oui, oui, va, va.

Il la pousse

ADÈLE

Oh ! mon Dieu !

ANTONY

Mais qu'as-tu donc ?

ADÈLE

Ma fille !… quitter ma fille… à qui on demandera compte un jour de la faute de sa mère, qui vivra peut-être, mais qui ne vivra plus pour elle... Ma fille !... Pauvre enfant ! qui croira se présenter pure et innocente au monde, et qui se présentera déshonorée comme sa mère, et par sa mère !

ANTONY

Oh, mon Dieu !

ADÈLE

N'est-ce pas que c'est vrai ?... Une tache tombée sur un nom ne s'efface pas ; elle le creuse, elle le ronge, elle le dévore... Oh ! ma fille ! ma fille !

ANTONY

Eh bien, emmenons-la, qu'elle vienne avec nous... Hier encore, j'aurais cru ne pouvoir l'aimer, cette fille d'un autre... et de toi... Eh bien, elle sera ma fille, mon enfant chéri ; je l'aimerai comme celui... Mais prends-la et partons... Prends-la donc, chaque instant te perd... À quoi songes-tu ? Il va venir, il vient, il est là !...

ADÈLE

Oh ! malheureuse !... où en suis-je venue ? où m'as-tu conduite ? Et il n'a fallu que trois mois pour cela !... Un homme me confie son nom, ... met en moi son bonheur... Sa fille !... il l'adore !... c'est son espoir de vieillesse, ... l'être dans lequel il doit se survivre... Tu viens, il y a trois mois ; mon amour éteint se réveille, je souille le nom qu'il me confie, je brise tout le bonheur qui reposait sur moi... Et ce n'est pas tout encore, non, car ce n'est point assez : je lui enlève l'enfant de son cœur, je déshérite ses vieux jours des caresses de sa fille... et, en échange de son amour, ... je lui rends honte, malheur et abandon... Sais-tu, Antony, que c'est infâme?

ANTONY

Que faire alors?

ADÈLE

Rester.

ANTONY

Et, lorsqu'il découvrira tout?...

ADÈLE

Il me tuera.

ANTONY

Te tuer!... lui, te tuer?... toi, mourir?... moi, te perdre?... C'est impossible!... Tu ne crains donc pas la mort, toi?

ADÈLE

Oh! non!... elle réunit...

ANTONY

Elle sépare... Penses-tu que je croie à tes rêves, moi... et que sur eux, j'aille risquer ce qu'il me reste de vie et de bonheur?... Tu veux mourir? Eh bien, écoute, moi aussi, je le veux... Mais je ne veux pas mourir seul, vois-tu... et je ne veux pas que tu meures seule... Je serais jaloux du tombeau qui te renfermerait. Béni soit Dieu qui m'a fait une vie isolée que je puis quitter sans coûter

une larme à des yeux aimés! béni soit Dieu qui a
permis qu'à l'âge de l'espoir j'eusse tout épuisé et
fusse fatigué de tout!... Un seul lien m'attachait
à ce monde : il se brise... Et moi aussi, je veux
mourir!... mais avec toi; je veux que les derniers
battements de nos cœurs se répondent, que nos
derniers soupirs se confondent... Comprends-
tu?... une mort douce comme un sommeil, une
mort plus heureuse que toute notre vie... Puis,
qui sait? par pitié, peut-être jettera-t-on nos corps
dans le même tombeau.

ADÈLE

Oh! oui, cette mort avec toi, l'éternité dans
tes bras... Oh! ce serait le ciel, si ma mémoire
pouvait mourir avec moi... Mais, comprends-tu,
Antony?... cette mémoire, elle restera vivante au
cœur de tous ceux qui nous ont connus... On
demandera compte à ma fille de ma vie et de ma
mort... On lui dira : «Ta mère!... elle a cru
qu'un nom taché se lavait avec du sang... Enfant,
ta mère s'est trompée, son nom est à jamais
déshonoré, flétri! et toi, toi!... tu portes le nom
de ta mère...» On lui dira : «Elle a cru fuir la
honte en mourant... et elle est morte dans les
bras de l'homme à qui elle devait sa honte»; et, si
elle veut nier, on lèvera la pierre de notre tombeau, et l'on dira : «Regarde, les voilà».

ANTONY

Oh! nous sommes donc maudits? Ni vivre ni
mourir enfin!

ADÈLE

Oui... oui, je dois mourir seule... Tu le vois, tu me perds ici sans espoir de me sauver... Tu ne peux plus qu'une chose pour moi... Va-t'en, au nom du ciel, va-t'en !

ANTONY

M'en aller !... te quitter !... quand il va venir, lui ?... T'avoir reprise et te reperdre ?... Enfer !... et s'il ne te tuait pas ?... s'il te pardonnait ?... Avoir commis, pour te posséder, rapt, violence et adultère, et, pour te conserver, hésiter devant un nouveau crime ?... perdre mon âme pour si peu ? Satan en rirait ; tu es folle... Non... non, tu es à moi comme l'homme est au malheur... (*La prenant dans ses bras.*) Il faut que tu vives pour moi... Je t'emporte... Malheur à qui m'arrête !...

ADÈLE

Oh ! oh !

ANTONY

Cris et pleurs, qu'importe !...

ADÈLE

Ma fille ! ma fille !

ANTONY

C'est une enfant... Demain, elle rira.

> *Ils sont près de sortir. On entend deux coups de marteau à la porte cochère.*

ADÈLE, *s'échappant des bras d'Antony.*

Ah! c'est lui… Oh! mon Dieu! mon Dieu! ayez pitié de moi, pardon, pardon!

ANTONY, *la quittant.*

Allons, tout est fini!

ADÈLE

On monte l'escalier… On sonne… C'est lui… Fuis, fuis!

ANTONY, *fermant la porte.*

Eh! je ne veux pas fuir, moi… Écoute… Tu disais tout à l'heure que tu ne craignais pas la mort?

ADÈLE

Non, non… Oh! tue-moi, par pitié!

ANTONY

Une mort qui sauverait ta réputation, celle de ta fille?

ADÈLE

Je la demanderais à genoux.

UNE VOIX, *en dehors.*

Ouvrez!… ouvrez!… Enfoncez cette porte…

ANTONY

Et, à ton dernier soupir, tu ne haïrais pas ton assassin?

ADÈLE

Je le bénirais… Mais hâte-toi !… cette porte..

ANTONY

Ne crains rien, la mort sera ici avant lui… Mais, songes-y, la mort !

ADÈLE

Je la demande, je la veux, je l'implore ! (*Se jetant dans ses bras.*) Je viens la chercher.

ANTONY, *lui donnant un baiser.*

Eh bien, meurs !

Il la poignarde.

ADÈLE, *tombant dans un fauteuil.*

Ah !…

> *Au même moment, la porte du fond est enfoncée ; le colonel d'Hervey se précipite sur le théâtre.*

SCÈNE IV

LES MÊMES, LE COLONEL D'HERVEY, ANTONY, PLUSIEURS DOMESTIQUES.

LE COLONEL

Infâme !… Que vois-je ?… Adèle !… morte !…

ANTONY

Oui! morte! Elle me résistait, je l'ai assassinée[1]!...

> *Il jette son poignard aux pieds du
> Colonel.*

POST-SCRIPTUM

Avant de jeter la plume, et de dire adieu à cette œuvre, comme à un livre que l'on ferme pour toujours, quelques mots de remerciement aux excellents comédiens qui en ont fait le succès.

Ils avaient une tâche difficile : il fallait faire accepter au public une scène d'amour en cinq actes, un développement pur et simple de passion, jouée par deux personnages entre quatre paravents, sans action et sans mouvement.

Merci d'abord à madame Dorval, si vraie, si passionnée, si nature enfin, qu'elle fait oublier l'illusion à force d'illusion ; qu'elle change un drame de théâtre en action vivante, ne laisse pas respirer un instant le spectateur, l'effraye de ses craintes, le fait souffrir de ses douleurs, et lui brise l'âme de ses cris, au point qu'elle entende dire autour d'elle : « Oh ! grâce ! grâce ! c'est trop vrai. » Que madame Dorval ne s'inquiète pas de cette critique ; elle est la seule actrice, je crois, à qui on pense à la faire.

Merci à Bocage, qui, en comédien consommé, a saisi non seulement l'ensemble du rôle, mais encore toutes ses nuances. Mélancolie, passion, misanthropie, égoïsme, métaphysique, mépris, terreur, il a tout senti et tout fait sentir. Quelques critiques ont dit que le rôle d'Antony était faux et sans intérêt; je serais volontiers de leur avis, ne fût-ce que pour rendre un hommage de plus au talent de l'acteur, qui a su s'y faire constamment applaudir.

Qu'ils prennent donc à pleines mains leur part dans le succès; ce qu'ils laisseront pour l'auteur sera probablement encore plus qu'il ne mérite.

DOSSIER

CHRONOLOGIE
(1802-1870)

1802. 24 juillet : Naissance d'Alexandre Dumas à Villers-Cotterêts (Aisne). Il est le fils de Thomas Alexandre Dumas Davy de La Pailleterie, devenu général en 1793, et de Marie-Louise Élisabeth Labouret, épouse Dumas depuis 1792.

1806. Mort du général Dumas.

1817. Alexandre est troisième clerc chez un notaire de Villers-Cotterêts.

1818. Clerc de notaire à Crépy-en-Valois.

1820. Commence à écrire des pièces de théâtre (deux vaudevilles et un drame).

1823. S'installe à Paris, où il travaille comme secrétaire du duc d'Orléans.

1824. Laure Labay, couturière, lui donne un fils, prénommé Alexandre, qui sera connu en littérature sous le nom d'Alexandre Dumas fils. Il ne le reconnaîtra qu'en 1831.

1826. Outre des vaudevilles, écrit des *Nouvelles contemporaines*.

1827. En juin, rencontre de Mélanie Waldor, qui devient sa maîtresse en septembre. Elle sera le principal modèle d'Adèle d'Hervey, l'héroïne d'*Antony*. Dumas assiste, à l'Odéon, à des représentations de pièces de Shakespeare.

1828. Grâce au baron Taylor, Commissaire du roi,

Christine, trilogie dramatique en cinq actes et en vers, est acceptée à la Comédie-Française, mais retardée par la censure. En revanche, *Fiesque de Lavagna*, drame en cinq actes et en vers, est refusé.

1829. *Henri III et sa cour*, drame en cinq actes et en prose, est créé le 10 février 1829 à la Comédie-Française et connaît un triomphe. Dumas devient bibliothécaire adjoint du duc d'Orléans. Le 9 juillet, il assiste à une lecture de *Marion Delorme*, drame de Hugo, dont le héros, Didier, inspirera la figure d'Antony.

1830. S'occupe de faire lever l'interdiction qui continue de peser sur *Christine*, enfin créé à l'Odéon le 30 mars. Compose en six semaines *Antony*, achevé le 9 juin, reçu une semaine plus tard à la Comédie-Française, mais arrêté par la censure. Participe aux journées de Juillet (27, 28, 29), puis obtient de La Fayette une mission en Vendée, qui lui permet de rejoindre à la fin d'août Mélanie Waldor à La Jarrie. Mais, amoureux d'une actrice (Belle Krelsamer), il a déjà commencé de lui être infidèle.

1831. *Napoléon Bonaparte*, drame en six actes et en prose, créé le 10 janvier à l'Odéon, connaît un médiocre succès. Début des répétitions d'*Antony* à la Comédie-Française, où les acteurs et la direction du théâtre multiplient les difficultés. En mars, Dumas se décide à donner sa pièce au Théâtre de la Porte Saint-Martin. Ce même mois, il reconnaît son fils Alexandre. Le 3 mai, *Antony* obtient un triomphe et est publié chez Auguste Auffray. *Charles VII chez ses grands vassaux*, tragédie en cinq actes et en vers créée le 20 octobre à l'Odéon, et *Richard Darlington*, drame écrit en collaboration avec Beudin et Goubaux et créé le 10 décembre à la Porte Saint-Martin, connaîtront aussi le succès.

1832. Il fait jouer sa première comédie, *Le Mari de la veuve*, créée à la Comédie-Française le 4 avril, et compose en collaboration trois nouveaux drames : *Teresa*, *La Tour de Nesle* et *Le Fils de l'émigré*. En avril, il est atteint par l'épidémie de choléra et restera longtemps affaibli. Il assiste aux obsèques du général Lamarque, et part pour la Suisse le 21 juillet. Voyage en Suisse et en Italie jusqu'en octobre et publiera de 1833 à 1837 une série d'articles, *Impressions de voyage*.

1833. Belle Krelsamer lui donne une fille, Marie-Alexandrine, mais elle a déjà été remplacée dans son cœur par une autre actrice, Ida Ferrier, interprète de *Teresa*. Les deux femmes se retrouvent dans la distribution d'*Angèle*, drame en cinq actes et en prose créé le 28 décembre 1833 à la Porte Saint-Martin. Cette année, Hugo et Dumas sont — passagèrement — en froid.

1834. Programmé pour le 28 avril 1834 à la Comédie-Française, *Antony* est interdit au dernier moment sur décision de Thiers, ministre de l'Intérieur. Deux nouveaux drames : *Catherine Howard* et *La Vénitienne*.

1835. Deux volumes, *Chroniques de France*, reprennent en les amplifiant des scènes historiques publiées dans *La Revue des Deux Mondes* en 1831-1832 et inaugurent une série qui sera poursuivie au-delà des années 1840. Publie *Souvenirs d'Antony* chez Dumont.

1836. Échec de *Don Juan de Marana*, mystère, et succès de *Kean ou Désordre et Génie*, comédie en cinq actes et en prose créée le 31 août au Théâtre des Variétés.

1837. Nommé chevalier de la Légion d'honneur. Compose un opéra-comique, *Piquillo*, qu'achèvera Nerval. *Caligula*, tragédie en cinq actes et en vers, est créé le 26 décembre à la Comédie-Française.

1838. Voyage en Belgique et sur les bords du Rhin avec Nerval. Rencontre d'Auguste Maquet, qui sera son principal collaborateur.

1839. Compose plusieurs drames, dont *Léo Burckart*, en collaboration avec Nerval. *Mademoiselle de Belle-Isle* est créé le 2 avril à la Comédie-Française.

1840. Épouse Ida Ferrier. Les deux époux se sépareront quatre ans plus tard. Part pour un long voyage en Italie (notamment à Florence) et en Méditerranée.

1841. *Nouvelles Impressions de voyage.*

1843. *Georges.*

1844. *Les Trois Mousquetaires. Amaury.*

1845. *Vingt ans après. La Reine Margot. Le Comte de Monte-Cristo.*

1845-1846. *Le Chevalier de Maison-Rouge.*

1846. *La Dame de Monsoreau.* Voyage en Espagne et en Algérie.

1847. Création au Théâtre-Historique d'un drame tiré de *La Reine Margot.* Sont aussi créés *Le Chevalier de Maison-Rouge, Le Comte de Monte-Cristo* et une adaptation de *Hamlet* (en collaboration avec Paul Meurice).

1847-1848. *Les Quarante-cinq.*

1848. Participe à la révolution de Février. En septembre, il se présentera sans succès à la députation. Début de publication du *Vicomte de Bragelone.*

1849. Mort de Marie Dorval.

1850. *La Tulipe noire.*

1851. Dumas, ruiné, s'exile à Bruxelles.

1852. Création de *La Dame aux camélias,* d'Alexandre Dumas fils, d'après le roman publié en 1848. A. Dumas père commence à publier *Mes Mémoires* (22 volumes).

1853. Sa situation financière s'est un peu améliorée. Revient s'installer en partie à Paris pour y fonder un journal, *Le Mousquetaire, journal de M. Alexandre*

Dumas (avec la collaboration de Nerval, Alexandre Dumas fils, Octave Feuillet, Banville, etc.) qui ne paraîtra que durant quelques mois.

1854. Début de la publication des *Mohicans de Paris* (achevé en 1855).

1857. Lance un nouveau journal, *Le Monte-Cristo*, qu'il rédige seul. Procès avec Maquet. Création des *Compagnons de Jéhu*.

1858. Voyage en Russie, qui aboutira à la publication de *Le Caucase* (1859) et *De Paris à Astrakan* (1860).

1860. Voyage en Italie, où il rencontre Garibaldi et séjournera quatre ans.

1863. Traduction d'*Ivanhoe*, de Walter Scott.

1864. Son drame tiré des *Mohicans de Paris* est interdit par la censure. *La San-Felice* (1864-1865).

1866. Voyage en Italie, en Allemagne et en Autriche. Reparution éphémère du journal *Le Mousquetaire*. Nouveaux ennuis financiers.

1867. Liaison avec une écuyère américaine, Adah Isaacs Menken. Une photographie où il pose avec elle fera scandale.

1868. Fonde un nouveau journal, *Le Dartagnan*.

1869. Voyage en Bretagne, séjour à Roscoff.

1870. Voyage au Pays basque (Saint-Jean-de-Luz, Biarritz). Retour le 30 août à Paris. À bout de forces, il quitte en septembre la capitale assiégée par les Prussiens pour Puys (près de Dieppe) où son fils possède une maison et où il meurt à la suite d'une attaque d'apoplexie le 5 décembre. Enterré à Neuville-lès-Pollet.

1872. Son fils fait transporter le corps de son père à Villers-Cotterêts où il repose aux côtés de ses parents[1].

---

1. Ce rappel ne donne qu'une faible idée des liaisons sentimentales, à plus forte raison de l'extraordinaire production théâtrale et romanesque d'A. Dumas.

NOTICE

Le manuscrit d'une première version d'*Antony* est conservé à la Bibliothèque de France, département des manuscrits (rue de Richelieu), sous la cote : Nouvelles acquisitions françaises n° 24664, qui groupe un ensemble consacré à Alexandre Dumas père sous le titre « Manuscrits divers ». *Antony*, présenté comme « Drame en cinq actes en prose », occupe les f°s 11 à 34, rectos et versos, de l'ensemble (le f° 34 est toutefois vierge). À la fin de son texte, Dumas a écrit : « Fini le mercredi 9 juin à midi. Premier manuscrit d'*Antony*. Alex. Dumas. » Ce 9 juin est celui de l'année 1830.

Ce manuscrit, autographe, est d'une lecture parfois difficile. Plus encore que le texte définitif, il abonde en points d'exclamation et en points de suspension. On a, à certains endroits, l'impression qu'il s'agit moins d'un « texte » à proprement parler que d'un support d'effets de scène et de déclamation. La structure définitive du drame (en cinq actes) et ses principales péripéties sont déjà en place. Un point étonne : Dumas a, si on l'en croit, « refait » son cinquième acte à la demande de Mlle Mars, puis l'a remanié à nouveau sur les conseils de Marie Dorval. On s'attendrait, dans ces conditions, que celui du texte joué en 1831 fût méconnaissable par rapport à celui du manuscrit. Les modifications sont certes importantes, mais moins que ne le laisseraient pressentir les *Mémoires* de Dumas. Peut-être la seconde modification de son texte l'a-t-elle conduit à se rapprocher de la version initiale ?

Certains écarts séparant le manuscrit du texte imprimé ont été étudiés par Hippolyte Parigot dans sa thèse de doctorat présentée en 1898 à l'Université de Paris. « Dans l'intervalle », écrit Hippolyte Parigot, « Dumas s'est avisé de donner une signification plus large à son idée, d'en étendre le sens et la portée. Non seulement, amené à concevoir une œuvre plus étoffée, il a mis plus de scrupule à préparer, lier et nuancer ses idées et même son style ; mais il a tranché et taillé dans le vif de la déclamation lyrique, supprimé les grands mouvements où il s'essayait dans ses épîtres préparatoires, pour faire une plus large place à l'étude morale et sociale » (*Le Drame d'Alexandre Dumas. Étude dramatique, sociale et littéraire d'après de nouveaux documents*, p. 309, voir la Bibliographie). Fernande Bassan, dans son édition du théâtre de Dumas (voir la Bibliographie), juge que le caractère d'Antony dessiné par le texte définitif est plus sombre que celui du manuscrit, et que Dumas a supprimé de son rôle certaines mièvreries. Nous donnons, dans les notes de notre édition, des extraits du manuscrit en respectant les négligences ou les bizarreries d'orthographe et de ponctuation de Dumas.

Les éditions successives (dont la nôtre) ont repris le texte de la première édition (édition séparée) d'*Antony* publiée chez Auguste Auffray en 1831 (106 p., in 8°). Une deuxième édition a paru chez Auffray en 1832 avec un frontispice représentant Bocage et Marie Dorval (100 p., in 8°), une troisième chez Marchant, dans « Le Magasin théâtral », t. V, 1835. *Antony* figurera ensuite au tome I de l'édition du *Théâtre complet* de Dumas chez Charpentier (1834-1846), dans la Première série de l'édition Gosselin (3 vol., 1841), enfin dans la Deuxième série de l'édition de Michel Lévy (15 vol., 1863-1874).

ANTONY À LA SCÈNE

Le récit laissé par Dumas, dans ses *Mémoires*[1], des infructueuses répétitions de la Comédie-Française donne l'envie d'imaginer ce qu'eût été *Antony* si ce premier projet avait abouti. C'est sans doute parce qu'il fait, comme souvent, contre mauvaise fortune bon cœur que Dumas s'ingénie à expliquer pourquoi Firmin et Mlle Mars ne convenaient pas aux rôles. Meilleur ou moins bon, qui sait ? joué sur la scène nationale, *Antony* aurait été *autre*. Il est étonnant, et peut-être significatif, que les *Mémoires* livrent la distribution presque complète de la pièce telle qu'elle était répétée au Français, et ne mentionnent (tout comme le « Post-scriptum » de l'édition) que Bocage et Dorval pour sa création au Théâtre de la Porte Saint-Martin[2]. On peut aussi rêver à un Antony qui aurait été incarné par Frédérick Lemaître. En imposant Bocage, Marie Dorval a, nous l'avons suggéré, mieux éloigné la pièce du mélodrame.

Les démêlés de Dumas avec la Comédie-Française avaient en tout cas renforcé la curiosité du public. Quand *Antony* est enfin créé, le 3 mai 1831, le succès est immense. « Ce que fut la soirée, aucune exagération ne saurait le rendre. La salle était vraiment en délire ; on

1. Voir *Mes Mémoires*, chap. CLXXV.
2. Voir la distribution complète d'*Antony* lors de sa création au Théâtre de la Porte Saint-Martin, p. 42.

applaudissait, on sanglotait, on priait, on criait. La passion brûlante de la pièce avait incendié tous les cœurs[1].» Dans ses *Mémoires* (t. II, chap. CXCIX), Dumas donne un compte rendu plus détaillé et haletant de cette soirée au cours de laquelle il va, entre chaque acte, congratuler Bocage et Marie Dorval (et seulement eux), où il talonne les machinistes pour que ceux-ci relèvent le rideau avant même qu'aient cessé les applaudissements de l'acte précédent, où il va se promener du côté de la Bastille quand commence le quatrième acte dont il n'est pas très sûr. Les spectateurs, enfin, se déchaînent quand Antony poignarde Adèle au point qu'ils ne sont peut-être qu'un tiers, dit Dumas, à entendre les derniers mots prononcés par le héros. Ils seront nombreux, ensuite, à venir ou revenir au théâtre dans l'attente de cette réplique devenue célèbre dès le lendemain. À la fin d'une représentation donnée deux ou trois ans plus tard au Théâtre du Palais-Royal, raconte Dumas, le régisseur fit maladroitement tomber le rideau aussitôt après le coup de poignard qui frappait Adèle. Bocage, furieux, ayant refusé de revenir en scène pour prononcer sa dernière réplique, sa partenaire s'en chargea.

Dorval sentit que l'atmosphère tournait à la bourrasque; elle ranima son bras inerte, redressa sa tête renversée, se leva, s'avança jusqu'à la rampe, et, au milieu du silence, ramené comme par miracle au premier mouvement qu'elle avait risqué :
— Messieurs, dit-elle, je lui résistais, il m'a assassinée !
Puis elle tira une belle révérence, et sortit de scène, saluée par un tonnerre d'applaudissements[2].

Unanime pour saluer les acteurs, la presse se divisa sur l'intérêt de la pièce elle-même. Dumas cite comme exemple, dans ses *Mémoires*, le compte rendu de

1. Théophile Gautier, *Histoire du romantisme*, p. 144.
2. *Mes Mémoires*, t. II, p. 472.

l'*Annuaire historique et universel* de Charles-Louis Lesur, qui juge que «l'auteur, en se plaçant dans la sphère exceptionnelle des passions délirantes, des passions cruelles qui ne marchandent ni les larmes ni le sang, s'est soustrait à toute juridiction littéraire; sa pièce est un monstre dont, il faut le dire avec justice, quelques parties sont empreintes à un degré peu commun de vigueur, de grâce et de beauté[1]». Parmi les critiques dont la renommée a survécu, Jules Janin, dans le *Journal des débats* du 5 mai 1831, ne trouve dans *Antony* qu'une pâle réplique d'*Hernani*[2]. La pièce fut jouée cent fois de suite à la Porte Saint-Martin, puis trente fois à l'Odéon et une fois aux Italiens[3]. Marie Dorval et Bocage en donnèrent aussi de nombreuses représentations dans la France entière.

En 1834, Thiers, ministre de l'Intérieur, s'attache à redorer le blason de la Comédie-Française en essayant d'y faire revenir Hugo et Dumas. Le 15 mars, un entretien de Thiers avec Dumas aboutit à la promesse que Dorval et Bocage interpréteront *Antony* dans la salle que dirige alors Jouslin de La Salle. Celui-ci négocie aussitôt avec Dorval, tâche facile puisque, selon Dumas, elle se fût engagée pour rien. La pièce est programmée au Français pour le 28 avril 1834. Intervient alors *Le Constitutionnel,* journal hostile aux romantiques et que Dumas a brocardé dans sa pièce. Le matin même de la représentation, dans un article «en premier-Paris», il défend la réputation de la Comédie-Française et le bon usage des deniers qui lui sont alloués. Ne va-t-on pas y donner «l'ouvrage le plus hardiment obscène qui ait paru dans ces temps d'obscénité! [...] Nous allons

1. *Ibid.,* p. 476-477.
2. Pour une revue de presse plus complète, voir Fernande Bassan et Sylvie Chevalley, *Alexandre Dumas père et la Comédie-Française,* p. 54-58.
3. C'est ce que rappelle Dorval dans la lettre qu'elle adresse à Thiers le 28 avril 1834, citée par Dumas dans *Mes Mémoires,* t. II, p. 495.

donc voir une femme jetée dans une alcôve, un mouchoir sur la bouche ; nous allons voir, sur la scène nationale, le viol en action : le jour de cette représentation
est fixé. Voilà une école de morale ouverte au public ;
voilà le genre de spectacle auquel vous appelez cette
jeunesse dont vous redoutez l'exaltation, et qui bientôt
ne reconnaîtra plus ni règle ni frein ! » Le journal en
appelle à M. Thiers, ministre de l'Intérieur, pour que
soit mis un terme à « ces productions monstrueuses
qui nous ramènent à la barbarie, et qui finiront, si rien
ne les arrête, par nous faire rougir d'être français… ».
Le jour même où l'article paraît, Jouslin de La Salle
reçoit un billet de Thiers : « Défense est faite au Théâtre-
Français de jouer *Antony* ce soir. » À quatre heures
de l'après-midi, Dumas se présente dans le bureau de
Thiers pour que celui-ci s'explique. Thiers fait valoir
qu'il a moins cédé au *Constitutionnel* qu'à la Chambre,
celle-ci lui ayant signifié qu'elle refuserait de voter le
budget si *Antony* était représenté le soir. Dorval, plus
lésée encore que Dumas par l'interdiction, adresse
alors à Thiers une lettre ouverte où elle lui fait savoir
qu'elle refusera de paraître au Français dans toute
autre pièce jusqu'à l'issue du procès qui l'opposera à
l'auteur d'*Antony*. Dumas engage effectivement un procès. Le 30 juin, le tribunal de commerce entend Jouslin
de La Salle et Dumas et met l'affaire en délibéré pour
rendre son jugement sous quinzaine. Ce jugement
condamne Jouslin de La Salle à verser dix mille francs
de dommages et intérêts et le contraint à « se pourvoir
devant l'autorité compétente pour faire statuer sur
l'empêchement mis par le ministre »[1]. Ainsi le directeur du Français se trouve-t-il pénalisé pour une interdiction dont il avait été lui-même la victime ! « Nous
croyons inutile de faire suivre ce jugement d'aucun

1. Les détails de cette affaire, ainsi que les citations *in extenso* de
l'article du *Constitutionnel* et du jugement, sont donnés par Dumas
dans *Mes Mémoires,* chap. CCIII.

commentaire », écrit Dumas en conclusion de son chapitre. Il ne dit pas que l'affaire sera gagnée en appel par la Comédie-Française. En 1840, *Antony* sera de nouveau interdit par le ministère.

Si Antony demeure une référence pour de nombreux jeunes gens de la seconde génération romantique, ce n'est pas tellement que la scène contribue à le maintenir vivant. On supposera que Flaubert, au moins, a vu représenter le drame : Maxime Du Camp, quand il rappelle l'admiration de son ami pour *Antony*, souligne qu'il se plaisait à imiter « l'accent traînard et les intonations grasseyantes » de Dorval[1]. À l'époque où Flaubert rappelle à sa sœur, dans une lettre du 16 novembre 1842, qu'il lui lisait naguère *Antony* dans son lit, on redonne justement la pièce au Théâtre de l'Odéon (avec Bocage et Dorval). Or, c'est tout à côté, rue de l'Est (qui, à cette époque, longeait le jardin du Luxembourg pour s'achever au carrefour de l'Observatoire), que Flaubert emménage en cette mi-novembre. Mais il travaille « comme un gredin » à ses livres de droit, s'il faut en croire une lettre à son père, et rien ne signale qu'il a alors parcouru les trois cents mètres qui séparaient son domicile du Théâtre de l'Odéon. Jusqu'à la fin du siècle, les représentations de la pièce seront rares et n'obtiendront que des succès inégaux, que recensent Fernande Bassan et Sylvie Chevalley dans *Alexandre Dumas père et la Comédie-Française*[2]. Le personnage survit dans les mémoires, mais à la manière d'un mythe, comme l'aurait fait un héros de roman ou

---

1. *Souvenirs littéraires*, Aubier, 1994, p. 188.
2. Après l'interdiction de 1840, *Antony* est joué au Théâtre de l'Odéon au début de novembre 1842 (avec Bocage et Dorval), puis à partir du 18 décembre 1843 (avec Laferrière et Mme Person) ; au Théâtre Historique le 17 décembre 1848. Le drame est interdit de 1851 à 1857. Il est repris à la Gaîté au début de juin 1857 (avec Laferrière et Mme Lacressonnière), puis au Théâtre Cluny à partir du 5 octobre 1867 (avec Laferrière et Mlle Augustine Duverger). Dumas assistait à la première.

de légende. La reprise de la pièce en octobre 1867 donne plutôt à Théophile Gautier un sentiment de mélancolie. «Si notre devoir de critique ne nous eût pas poussé en avant, nous nous en serions allé par un sentiment semblable à celui qui vous fait craindre de vous trouver vingt ans après devant une belle femme dont on a gardé un amoureux souvenir[1]. »

À l'occasion du centenaire de la naissance de Dumas, *Antony* est joué à Dieppe en 1902 avec Albert-Lambert, de la Comédie-Française, qui reprend le rôle en 1909 au Théâtre du Gymnase, à Marseille. Le 27 juin 1912, enfin, après deux représentations données par sa troupe au Théâtre de la Gaîté les 11 mai et 21 juin, la Comédie-Française accueille *Antony*. Suivant l'exigence de Jules Claretie, administrateur du théâtre, le texte, qui avait subi à l'occasion de représentations antérieures des coupures suggérées par Alexandre Dumas fils, est scrupuleusement le même que celui de la création. Albert-Lambert joue le rôle d'Antony, Mlle Delvair celui d'Adèle, tandis que Paul Mounet, qui avait tenu le rôle titre en 1884 à l'Odéon, a accepté de prononcer l'unique, mais décisive réplique du colonel d'Hervey. L'ouvrage de Fernande Bassan et Sylvie Chevalley (p. 62-66) fournit jusqu'aux détails des indications sur le décor (économique et hétéroclite) et sur les costumes (plutôt dispendieux) de la production, ainsi que sur l'accueil réservé à la pièce. La critique fut d'autant plus favorable aux acteurs qu'ils avaient su estomper les archaïsmes du texte de Dumas. Si Jacques Copeau, par exemple, voit dans Antony une image admirable du romantique au sein d'un drame aux allures presque classiques, d'autres notent que le public a ri en des endroits qui ne s'y prêtaient pas forcément. Les succès romanesques de Dumas influencent le regard porté sur la pièce : ainsi Adolphe Brisson, dans *Le Temps* du

---

1. Théophile Gautier, *Histoire du romantisme*, p. 143.

1er juillet 1912, voit-il Antony au troisième acte comme «un héros de cape et d'épée». Dans la *Grande Revue* du 25 juillet 1912, Gustave Lanson résume assez bien l'opinion générale : le drame de Dumas est, malgré ses outrances, à l'origine du drame moderne, et son héros, une figure typique du romantisme. Ces vertus historiques de l'œuvre, il fallait toutefois du courage pour les porter à la scène. Quelques représentations suivirent en 1912 la première du 27 juin, neuf autres furent données à partir du 21 février 1913 (avec une distribution identique pour les rôles principaux). Puis plus rien, ni à la Comédie-Française, ni dans les autres grands théâtres de France. Le 8 novembre 1966, à une époque où la télévision était encore créative, *Antony* fut pourtant donné sur les écrans de l'O.R.T.F.[1]. «À la surprise générale, la pièce a "passé" merveilleusement», écrit Pierre-Aimé Touchard. «Il est vrai qu'on s'était montré prudent, on avait "gommé" ce qui paraissait trop romantique dans la pièce, et la distribution trop sage du rôle d'Adèle était presque un contresens. Il fallait que la pièce fût rudement solide pour résister à ces trahisons[2]. »

---

1. *Antony,* réalisation de Jean Kerchbron, O.R.T.F. (8 novembre 1966), 90 minutes, avec Gianni Esposito (Antony), Régine Blaëss (Adèle), Yvonne Clech (vicomtesse de Lacy), Arlette Thomas (Clara), Robert Benoît (Eugène d'Hervilly).
2. Notice d'*Antony,* dans *Le Drame romantique,* p. 223 (voir Bibliographie).

BIBLIOGRAPHIE

ÉDITION ORIGINALE D'*ANTONY*

Antony, Paris, Auguste Auffray, 1831[1].

ÉDITIONS RÉCENTES

Le Drame romantique (Casimir Delavigne : *Les Vêpres sici-liennes.* Alexandre Dumas père : *Henri III et sa cour, Antony*), choix établi avec une préface et des notices par Pierre-Aimé Touchard, Cercle du Bibliophile, 1969.

Antony, édition de Joseph Varro, Nouveaux Classiques Larousse, 1970.

Alexandre Dumas père, *Théâtre complet*, édition de Fernande Bassan, fascicule 7, tome II (*Antony*), « Lettres modernes », Minard, 1980.

Antony, préface de Jean-Baptiste Goureau, « La Petite Vermillon », La Table Ronde, 1994.

---

1. Pour le manuscrit de la pièce et les autres éditions contemporaines de Dumas, voir notre *Notice,* p. 164-165.

AUTRES OUVRAGES DE DUMAS

Lettres d'Alexandre Dumas à Mélanie Waldor, textes réunis, présentés et annotés par Claude Schopp, Centre de recherches, d'études et d'éditions de correspondances du XIXᵉ siècle de l'Université de Paris-Sorbonne (Paris IV), P.U.F., 1982.

Alexandre Dumas père, *Souvenirs dramatiques*, Michel Lévy, 2 vol., 1868 (réédition : Maisonneuve et Larose, 2002).

Mes Mémoires, avec une préface de Claude Schopp, un avant-propos, des variantes et des notes de Pierre Josserand, t. I (1802-1830), t. II (1830-1833), « Bouquins », Robert Laffont, 1989.

SUR ALEXANDRE DUMAS ET *ANTONY*

Fernande BASSAN et Sylvie CHEVALLEY, *Alexandre Dumas père et la Comédie-Française,* Lettres modernes », Minard, 1972.

Pierre CAMPION, « *Antony* d'Alexandre Dumas ou la scène de l'évidence », *Revue d'Histoire du Théâtre*, 1996, IV, nᵒ 192, p. 407-430.

Théophile GAUTIER, « La reprise d'*Antony* », *Le Moniteur*, 7 octobre 1867, repris dans *Histoire du romantisme*, Charpentier, 1874 ; coll. « Les Introuvables », L'Harmattan, 1993, p. 143-148.

Véronique LÉONARD, « *Antony* d'Alexandre Dumas père ou les ambiguïtés d'une réhabilitation romantique de la figure du bâtard », dans *Figures de l'exclu*, Actes du colloque international de littérature comparée, 2-4 mai 1997, textes réunis par Jacqueline Sessa, Publications de l'Université de Saint-Étienne, 1999, p. 283-295.

Hippolyte PARIGOT, *Le Drame d'Alexandre Dumas. Étude dramatique, sociale et littéraire d'après de nouveaux documents*, Calmann-Lévy, 1898.

— *Alexandre Dumas père*, «Les Grands Écrivains», Hachette, 1902.

Claude Schopp, *Alexandre Dumas. Le génie de la vie*, Éditions Mazarine, 1985; Librairie Arthème Fayard, 1997.

Anne Ubersfeld, «Structures du théâtre d'Alexandre Dumas père», *Nouvelle Critique*, numéro spécial, 1968, p. 146-156.

— «A. Dumas père et le drame bourgeois», *Cahiers de l'Association internationale des études françaises*, n° 35, mai 1983, p. 121-139.

Alfred de Vigny, «Une lettre sur le théâtre. À propos d'*Antony*», dans *Œuvres complètes*, «Bibliothèque de la Pléiade», Gallimard, t. II, 1993, p. 1229-1238.

SUR LE DRAME ROMANTIQUE

Maurice Descotes, *Le Drame romantique et ses Grands Créateurs (1827-1839)*, P.U.F., 1955 (sur *Antony*: chap. VII).

André Le Breton, *Le Théâtre romantique*, Boivin et Cie, [s. d.] (sur *Antony*: chap. III).

Pierre Nebout, *Le Drame romantique*, Paris, 1895; Slatkine Reprints, Genève, 1970 (sur *Antony*: p. 161-165).

Anne Ubersfeld, *Le Drame romantique*, Belin, 1993.

NOTES

N. B. Comme nous l'avons dit dans la Notice (p. 165), plusieurs extraits du manuscrit d'*Antony* sont donnés ici où les négligences et les bizarreries d'orthographe et de ponctuation d'Alexandre Dumas ont été conservées.

Page 39.

1. *Le Pèlerinage de Childe Harold*, poème en quatre chants (1812-1818), où Byron raconte notamment ses voyages, est effectivement autobiographique.

2. Ces vers sont une dédicace à Mélanie Waldor. Celle-ci ne la trouva guère à son goût (voir notre Préface, p. 14 sq.).

Page 42.

1. La liste des personnages figurant sur le manuscrit était la suivante :

Le colonel baron d'Hervey. Adèle d'Hervey, sa femme. Clara, sœur de la baronne d'Hervey. Antony. La vicomtesse d'Osmond. Olivier Delaunay, jeune médecin. Frédéric Destein, lieutenant. Une aubergiste. Paul, domestique d'Antony. (Absents de la liste, mais non du texte même de la pièce manuscrite : Eugène d'Hervilly et Mme de Camps.)

Page 43.

1. Sur le manuscrit, Dumas indiquait : « Le théâtre représente une chambre élégante au premier, avec deux entrées latérales, un balcon et des fenêtres au fond » (f° 12 r°).

Page 44.

1. Le débarquement du corps expéditionnaire français dans la région d'Alger a eu lieu du 14 au 16 juin 1830, soit moins d'un an avant la date de la première représentation de la pièce.

Page 51.

1. André Le Breton relève ici une erreur de psychologie de la part de Dumas : jamais, même dans les circonstances les plus dramatiques, une femme ne se tromperait de chapeau (*Le Théâtre romantique*, p. 36).

2. Un peu plus haut dans le texte, sur le manuscrit, Dumas avait fait préciser le danger par Clara : « Comment tu vas sortir avec tes chevaux si ombrageux, tu avais promis de ne plus t'en servir, on devrait les changer » (f° 13 r°).

Page 57.

1. On ne trouve guère de « termes scientifiques » dans cette réplique. Ainsi que l'explique Hippolyte Parigot (*Le Drame d'Alexandre Dumas*, p. 312, n. 3), il s'agit d'une négligence de Dumas qui avait fait figurer des termes médicaux dans son manuscrit (« équimose » [*sic*], « congestion du sang au poumon ») et les a supprimés sans modifier la réplique d'Olivier. Hippolyte Parigot suggère aussi que Musset s'est inspiré plaisamment de cette scène en faisant dire à la Baronne, à la fin de la scène 2 de l'acte I d'*Il ne faut jurer de rien* (1836) : « Ah ! mon Dieu ! Un mort qui m'arrive ! »

Page 63.

1. La précédente tirade d'Antony n'existait pas sur le manuscrit, et celle-ci était assez différente. Dumas avait écrit : «N'est-ce pas que c'est une merveilleuse faculté donnée à l'homme que celle de composer son visage... de cacher ses blessures sous un sourire, d'ordonner à sa voix de rester calme, au milieu des tortures... et lorsqu'[on *biffé*] il [*add*] revoit quelqu'un qu'on a profondément aimé, à qui on a dit qu'on l'aimerait toujours, qu'on revoit cette personne après trois ans de douleur et de désespoir...» (f° 15 r°).

Page 64.

1. La dernière phrase de l'acte était sur le manuscrit : «Ah maintenant je suis sûr de rester...» (f° 15 v°).

Page 70.

1. Après «conservée», le texte du manuscrit était assez différent du texte définitif : «Je sais tous les devoirs que préservent les lois du monde au milieu desquels vous vivez. Les préjugés me coûtent assez pour que je les respecte (*Adèle lui fait signe de s'asseoir*). Merci. Je ne discuterai pas pour savoir si nous avons tort ou raison de nous en affranchir, seulement il me semble qu'un homme jetté [*sic*] par sa position en dehors de la société, peut en renonçant aux avantages qu'elle accorde aux autres hommes se refuser aux devoirs qu'elle leur impose... pardon c'est une opinion erronée peut-être... J'étais venu pour vous parler de nous et je vous parle de moi... et peut-être ne devrais-je vous parler ni de l'un ni de l'autre.

ADÈLE

Je crois que vous auriez raison...

ANTONY

Eh bien cela se peut encore. Supposez un homme

abandonné seul et jeune au milieu de cette société qui ne le touche que pour le froisser cherchant un ami qu'il ne trouve point, appelant une âme qui ne lui répond pas... triste au milieu des bals des fêtes, parce qu'il ne sait pas comme un autre s'appuyer sur le fauteuil d'une femme, et lui dire qu'elle est belle qu'elle chante divinement et qu'elle danse à ravir, puis qui tout à coup apperçoit [*sic*] au milieu de ce monde une jeune fille un ange qui comprend la tristesse comme les autres femmes comprenne [*sic*] la gaîté, qui voit disparaître tout ce qui l'entoure pour ne plus voir qu'elle, qui comprend qu'avec elle seul [*sic*] est le bonheur sans elle le désespoir, qui la voit lentement répondre à ses yeux, se chauffer de son amour... et lui dire enfin eh bien oui je vous aime qui près d'elle s'oublie dans son bonheur [*illisible*] le ciel l'éternité... Puis tout à coup est tiré de ce songe du ciel par un autre homme qui vient offrir aux parens [*sic*] de celle qu'il aime un homme honorable d'un rang élevé et qui lui fait souvenir à lui qu'il n'a ni rang ni nom, qu'il ne peut rien offrir de ce que veut la société, à celle à qui il offrirait son sang, que lui malheureux est inconnu à lui-même sans parens sans famille, qu'un inconnu qui lui jette tous les ans de quoi vivre un an... qu'il est enfant naturel. Enfin

ADÈLE

Ah Pauvre Antoni [*sic*] » (fº 17 rº).

De pareils passages, abrégés ou supprimés dans le texte définitif, pouvaient, à la longue, justifier les préventions de Firmin quand il jugeait Antony comme un rabâcheur (voir *Préface*, p. 17).

Page 77.

1. Vers cet endroit, sur le manuscrit, Dumas faisait dire à la vicomtesse : « Je disais que si quelqu'un me

sauvait la vie au risque de la sienne, je serais beaucoup plus reconnaissante qu'Adèle ne l'a été. Je soignerais moi-même le pauvre blessé, et je ne voudrais pas qu'il eût d'autre docteur que moi.» En suite de quoi elle relevait le défi de s'installer à son compte comme médecin : «Ne riez pas... Je serais un confrère à craindre allez... dernièrement j'ai guéri ma perruche d'une ophtalmie, et mon épagneul d'une sciatique.» Adèle reprenait alors : «La vicomtesse est vraiment née 4 siècles trop tard, c'est la véritable demoiselle du moyen âge, prête à guérir avec des simples et à panser avec son écharpe les blessures que son chevalier aurait reçues en la proclamant la plus belle» (f° 19 r°). Un peu plus loin, la vicomtesse faisait état du système de Gall, ce qui donnait lieu à cet échange prémonitoire :

ANTONY

Est-ce que vous vous êtes occupée aussi de cette partie de la science.

LA VICOMTESSE

Oh beaucoup je pourrais vous dire en cinq minutes si vous êtes jaloux, froid passionné, ou égoïste. C'est une étude précieuse. Tenez, approchez-vous... Oh Docteur, comme il a l'organe du meurtre développé.

ADÈLE

Du meurtre...

LA VICOMTESSE

Oh mais il tuera quelqu'un bien sûr... Je ne voudrais pas vous voir souvent» (f° 19 v°).
2. L'hospice des Enfants-Trouvés fut créé en 1552, dans les locaux de l'hôpital de la Trinité. À l'époque d'*Antony*, il se trouvait à l'angle des rues d'Enfer et de la Bourbe (correspondant approximativement à l'angle du boulevard de Port-Royal et de la rue Henri-Barbusse,

dans l'actuel V^e arrondissement) et il accueillait un peu plus de trois mille enfants.

Page 84.

1. Cette scène était très différente sur le manuscrit, qui donnait à cet endroit des présages du dénouement. Voici quels étaient, entre autres, les propos échangés entre les deux personnages :

ANTONY

Oh qu'elle serait délicieuse cette vie de frère d'ami. Vous me diriez vos peines, vos douleurs… je les consolerais… et moi… je ne vous parlerais même pas des miennes… je sourirais à votre arrivée, je sourirais à votre départ, j'oublierais tout mon passé pour mon avenir. J'éteindrais petit à petit les battements de mon cœur, et les bouillonnements de mon sang. Je ne me souviendrais plus que lorsque je vous rencontrai vous étiez libre, que j'aurais pu être tout pour vous, comme vous tout pour moi, et vous de tems en tems [*sic*], vous me diriez avec votre douce voix, mon ami… vous me tendrez la main… et je ne la retiendrai pas dans la mienne.

ADÈLE

C'est un rêve… impossible… !

ANTONY

Pourquoi — soyez tranquille… Votre réputation à vous… ne m'est-elle pas cent fois plus chère que la mienne… Ne sais-je pas que vous en devez compte à votre mari… à votre fille — la mienne à moi m'appartient tout entière. Oh si je pouvais en la perdant obtenir un de vos regards. Si un accent plus doux de votre voix ne me coûtait qu'un crime, si pour m'entendre dire encore une fois par vous — je t'aime, comme je l'ai entendu autrefois, je ne risquerais que l'échaffaud [*sic*]. Oh je te dirais, parle, parle... quelque part que coule mon sang inconnu il ne rejaillira sur personne et ne tachera que le passé » (f° 20 r°).

Page 95.

1. Le manuscrit indiquait ici :
« Une auberge à —.
Une chambre avec deux portes latérales dont l'une communique à la chambre attenante — et toutes à un cabinet » (f° 21 v°).

Page 96.

1. Sur le manuscrit : «ANTONY : — Où sommes-nous ? — LA MAÎTRESSE : À [*nom du village illisible*], Mr. — Combien de lieues d'ici à Valanciennes [*sic*] ? — Cinq. — Combien de postes. — Deux » (f° 21 v°).

Page 97.

1. Le nom de «Vasselone» ne figure pas sur le manuscrit. «Une demi-heure ou trois quarts d'heure» reflète la différence d'allure entre le cheval d'Antony et la voiture. Sur une distance de deux lieues, c'est considérable.

Page 101.

1. Sur le manuscrit : pour Valenciennes.

Page 111.

1. Sur le manuscrit, Antony, après avoir mis le verrou, regarde Adèle.

ANTONY

Elle prie... attendons. *(Une pause) il regarde encore. Ouvre brusquement la porte du cabinet on entend un cri la toile tombe* » (f° 25 r°).

Page 112.

1. Sur le manuscrit : « Un boudoir chez la vicomtesse

d'Osmond, une porte ouverte au fond donnant sur un salon élégant. À gauche latéralement un enfoncement où se trouve un divan. Une autre porte derrière » (f° 25 v°).

2. D'Hervilly : ce nom est celui d'une jeune femme, Mélanie-Marie d'Hervilly (Bruxelles, 1800-Paris, 1878), peintre, dont Dumas et sa mère ont fréquenté la maison. « Je sors d'un rêve où Mlle d'Hervilly a joué le rôle principal », écrivait Dumas à Mélanie Waldor le 7 septembre 1827.

Page 117.

1. La réplique de la vicomtesse est malicieusement ambiguë. Mme de Camps ne doit-elle pas craindre les regards parce que ceux-ci seraient flatteurs ou parce qu'elle ne court aucun risque d'être regardée ?

Page 125.

1. *Le Constitutionnel,* journal libéral et anticlérical fondé en 1815, joua un rôle dans la chute de Charles X. C'est paradoxalement parce que ses idées avaient en partie triomphé en 1830 qu'il déclina sous la monarchie de Juillet. Sous la Restauration déjà, il s'était, au nom de la tradition philosophique du xviiie siècle, montré hostile au romantisme. Cette hostilité n'a pas diminué à l'époque où triomphe le drame romantique. *Le Constitutionnel* contribuera à l'interdiction de la reprise d'*Antony* par la Comédie-Française, prévue pour le 28 avril 1834 (voir « *Antony* à la scène », p. 169). Quant à cette manie des romantiques d'écrire des préfaces, évoquée un peu plus loin par le baron de Marsannes, *Le Constitutionnel* aura, en cette même année 1834, plus que jamais sujet de la dénoncer : il sera l'une des cibles principales de la préface donnée par Théophile Gautier à son roman *Mademoiselle de Maupin*. Violemment attaqué par le journal pour son « Villon » (*Les Grotesques*), Gautier réplique : « À force d'avoir traîné le long des

feuilletons et des articles *Variétés*, l'accusation d'immoralité devenait insuffisante, et tellement hors de service qu'il n'y avait plus guère que *Le Constitutionnel*, journal pudique et progressif, comme on sait, qui eût ce désespéré courage de l'employer encore » (*Mademoiselle de Maupin*).

Page 127.

1. Cette constatation se trouve à plusieurs reprises dans l'œuvre de Stendhal ; voir notamment : « La comédie est impossible en 1836 », *Mélanges*, éd. de Victor Del Litto, dans *Œuvres complètes*, Cercle du Bibliophile (1967-1974), t. 46, p. 265-278.

Page 133.

1. À la place de cette réplique d'Adèle, on lit sur le manuscrit : « Et à la malheureuse qui a reçu la blessure… qui y porte la main… dont le cœur saigne dont les larmes coulent… on lui dit : souris… sois… calme, reste indifférente. Ô c'est affreux » (f° 29 r°).

Page 140.

1. Sur le manuscrit : « Le colonel d'Hervey est parti cette nuit de Valenciennes, il sera ici dans deux heures » (f° 30 r°).

Page 141.

1. Sur le manuscrit : « L'appartement chez Mme d'Hervey » (f° 31 r°).

Page 153.

1. Le manuscrit donne, pour les répliques qui précèdent celle-ci, un texte sensiblement différent :

« ANTONY

La première idée qui m'est venue… a été d'aller au-devant du colonel sous un prétexte quelconque… de lui chercher une querelle… de lui faire une ou deux insultes qui veulent être vengées à l'instant… mais les chances d'un duel sont incertaines car je pouvais être tué et ma mort te devenait inutile…

ADÈLE

Oh quelle affreuse pensée…

ANTONY

Que dirais-tu donc si tu savais celle qui lui a succédé ! Oh malheur malheur à l'homme qui aime la femme d'un autre car il a toujours un pied sur l'échaffaud.

ADÈLE

Antony…

ANTONY

Oui… et depuis si longtemps je me suis familiarisé avec l'idée d'un crime… que j'ai débattu froidement… si…

ADÈLE

Achève quoique je tremble… Va tu peux tout dire… et moi tout entendre… eh bien.

ANTONY

Si je…

ADÈLE

Ah… vous me faites peur… Je vous comprends.

ANTONY

L'idée qu'on aurait pu te croire ma complice lui a sauvé la vie — et à moi l'échaffaud… tu tressailles… ce n'est qu'un mot… depuis toujours j'ai le pressentiment d'une vie courte et d'une mort sanglante…

ADÈLE

Oh le malheureux…

ANTONY

Si tu étais une de ces femmes vertueuses […] »
(f⁰ 31 r° et v°).

À la place des répliques qui occupent la fin de la
scène III (depuis « M'en aller !… ») et la scène IV du
texte définitif, on lit sur le manuscrit :

ANTONY

Moi te quitter non non… écoute-moi mort sa vengeance sera assouvie… Eh bien je veux qu'en entrant
ici il heurte mon corps… Moi moi qui suis le plus coupable [moi qui lui outrage *add.*]… Moi mort, eh bien il
aura pitié de toi… de toi faible femme, que la force la
violence seul [*sic*]…

ADÈLE

Et tu crois que devant moi… c'est affreux… c est
horrible… au nom du ciel à tes genoux… va-t'en… *(se
relevant tout à coup avec effroi)*. Silence. On ouvre… on
entre… Malheur. Grâce mon Dieu grâce… Oh ne va
pas à cette fenêtre on peut te voir… Son… Il [est] tems
encore, ou cache-toi… ici. Oh non… c'est la chambre
de ma fille. Va, va, sors… Il n'est plus tems on monte
l'escalier… C'est sa voix… C'est lui.

ANTONY, *se jetant à la porte.*

Qu'il vienne *[lecture peu sûre]*…
Ciel et terre…

ADÈLE

Ah… ah…

ANTONY

Cette porte ne pourra résister... Mon Dieu, mon Dieu, comment la [*illisible*]... *(il la prend dans ses bras).*

ADÈLE, *se dégageant.*

Laisse-moi, laisse... *(se jettant à genoux)* [sic] pardon *(elle se traîne à genoux vers la porte)* pardon *[un ou deux mots illisibles]*... *(on n'entend rien, ils écoutent tous deux avec transes, on entend le bruit de la clef qui tourne dans la serrure).*

ANTONY, *prend son poignard et se jette au devant.*

Eh bien donc...

ADÈLE, *se relevant et le prenant au cou.*

Par pitié... par pitié Antony... tue-moi, cette porte... ah tu n'en auras bientôt plus le temps...

ANTONY

Eh bien prie...

UNE VOIX AU-DEHORS

Ouvrez, madame, ouvrez, je sais que vous n'êtes pas...

ADÈLE, *élevant ses bras au-dessus de la tête d'Antony.*

Dieu bon, Dieu miséricordieux... pardonne, pardonne-moi. *Un coup plus violent enfonce la porte. Adèle jette deux cris, le premier d'effroi, le second de douleur... Antony ouvre les bras qui la soutenaient. Elle tombe... Le Colonel se précipite dans la chambre...*

LE COLONEL

Malheureux... *(Il recule épouvanté).* Morte...

ANTONY, *jettant son poignard aux pieds du colonel.*

Oui morte... elle me résistait je l'ai assassinée » (f° 33 r° et v°).

RÉSUMÉ

Acte I. La vicomtesse de Lacy prend congé d'Adèle et de sa sœur Clara (sc. 1). Une lettre arrive pour Adèle, signée d'Antony. Tous deux se sont aimés, voici trois ans, avant qu'Adèle n'épouse le colonel d'Hervey, dont elle a eu une fille. Bouleversée, Adèle décide de fuir pour ne pas revoir Antony et quitte la scène. Un accident se produit bientôt dans la rue : un homme a arrêté de son corps les chevaux emballés de la voiture d'Adèle. Rentrée chez elle, Adèle déclare à Clara qu'elle est sûre d'avoir reconnu Antony (sc. 2). Adèle, à qui on a remis le portefeuille et le poignard d'Antony, se demande avec angoisse s'il est blessé ou mort (sc. 3). Un portrait d'elle qu'il a conservé dans son portefeuille, la devise gravée sur son poignard portent à son comble l'émotion d'Adèle (sc. 4). Olivier, médecin, dernier amant en titre de la vicomtesse, rassure Adèle sur la santé d'Antony, qu'il a fait porter évanoui auprès d'elle (sc. 5). Revenu à lui, Antony rappelle à Adèle leur amour passé, puis la contraint à le garder chez elle en arrachant les pansements de ses blessures.

Acte II. Cinq jours plus tard, Clara engage sa sœur à revoir celui qui lui a peut-être sauvé la vie, mais Adèle est résolue à partir pour Strasbourg où son mari est en

garnison (sc. 1). Elle écrit une lettre à l'intention
d'Antony pour lui faire part de sa résolution (sc. 2).
Antony n'a pas encore lu la lettre quand il vient voir
Adèle pour un adieu ; il lui révèle l'obscurité de sa naissance et le hasard qui a décidé jadis de leur amour
(sc. 3). En présence de la vicomtesse et d'Olivier,
Antony exhale sa rancœur (sc. 4). La suite du récit des
malheurs d'Antony apitoie Adèle, demeurée seule avec
lui, et elle finit par lui avouer qu'elle l'aime toujours
(sc. 5). En présence de Clara, Antony prend congé
d'Adèle avec l'espoir de la revoir le lendemain (sc. 6).
Fidèle malgré tout à sa résolution, Adèle part en
confiant sa fille à Clara (sc. 7).

Acte III. Dans une auberge d'Ittenheim, à deux lieues
de Strasbourg, Antony loue deux chambres contiguës
et mobilise à son usage les seuls chevaux disponibles
(sc. 1). Il envoie en berline à Strasbourg son domestique Louis, en lui enjoignant de surveiller le colonel
d'Hervey (sc. 2). Dans un long monologue très agité, il
médite sur son projet d'enlever Adèle (sc. 3). L'hôtesse
l'informe de l'arrivée d'Adèle (sc. 4). Celle-ci se désole
auprès de l'hôtesse de ne pouvoir disposer d'une voiture pour poursuivre sa route (sc. 5). Seule, elle songe
à son amour pour Antony (sc. 6). À peine est-elle
rassurée sur la sécurité que lui offre sa chambre
qu'Antony pénètre par la fenêtre en brisant un carreau
et l'entraîne dans un cabinet (sc. 7).

Acte IV. Un soir de bal chez la vicomtesse de Lacy.
Celle-ci querelle doucement Eugène, un poète, son
nouvel amant : Antony sait autrement mieux aimer les
femmes ! (sc. 1). Mme de Camps, invitée de la vicomtesse, reproche à celle-ci d'avoir invité Adèle après
l'aventure que la jeune femme a eue trois mois plus tôt
dans une auberge (sc. 2). Quelques autres invités se
présentent, parmi lesquels Olivier (sc. 3), puis Adèle

d'Hervey (sc. 4), et enfin Antony (sc. 5). Eugène et un abonné du *Constitutionnel* parlent de littérature, sujet qui fournit à Mme de Camps un prétexte pour évoquer fielleusement l'aventure d'Antony et d'Adèle. Antony dénonce alors la fausseté et la corruption de la société, provoquant le départ de Mme de Camps (sc. 6). Adèle, après avoir éloigné Antony, confie son trouble à la vicomtesse, qui s'emploie à la rassurer au sujet des calomnies dont elle est victime, puis quitte la pièce (sc. 7). Antony et Adèle s'abandonnent à de tendres échanges, conclus par un baiser, que surprend la vicomtesse, revenue inopinément. Adèle s'enfuit (sc. 8). Antony apprend par son domestique que le colonel d'Hervey, ayant quitté Strasbourg, sera de retour dans quelques heures (sc. 9).

Acte V. Adèle, seule chez elle, pleure son honneur perdu (sc. 1 et 2). Antony surgit, l'informe de l'imminence du danger et la presse de partir avec lui. Adèle résiste ; elle ne se résigne ni à abandonner sa fille, ni à la priver de son père. Des coups et des cris signalent l'arrivée du colonel. Adèle supplie Antony de la tuer. Antony la poignarde (sc. 3). Le colonel fait irruption dans la pièce. Antony jette le poignard à ses pieds (sc. 4).

DU MÊME AUTEUR

Dans la collection Folio classique

Impression Société Nouvelle Firmin-Didot
à Mesnil-sur-l'Estrée, le 16 août 2004.
Dépôt légal : août 2004.
1er dépôt légal dans la collection : février 2002.
Numéro d'imprimeur : 69602.

ISBN 2-07-041812-X/Imprimé en France.

132580